北京市属高等学校创新团队建设与教师职业发展计划项目
城市化进程中的首都人口、环境与发展问题研究

首都流动人口融合研究

亓 昕 著

中国劳动社会保障出版社

图书在版编目(CIP)数据

首都流动人口融合研究/亓昕著. —北京：中国劳动社会保障出版社，2016

(城市化进程中的首都人口、环境与发展问题研究)

ISBN 978-7-5167-2454-5

Ⅰ.①首… Ⅱ.①亓… Ⅲ.①流动人口-研究-北京市 Ⅳ.①C924.251

中国版本图书馆 CIP 数据核字(2016)第 042630 号

本成果出版接受以下项目资助

北京市属高等学校创新团队建设与教师职业发展计划项目（项目号：IDHT20130523）

中国劳动社会保障出版社出版发行

（北京市惠新东街 1 号　邮政编码：100029）

*

中青印刷厂印刷装订　　新华书店经销

787 毫米×1092 毫米　16 开本　13 印张　168 千字

2016 年 3 月第 1 版　　2016 年 3 月第 1 次印刷

定价：45.00 元

读者服务部电话：（010）64929211/64921644/84626437

营销部电话：（010）64961894

出版社网址：http://www.class.com.cn

总　　序

本丛书是首都经济贸易大学劳动经济学院童玉芬教授主持的北京市属高等学校创新团队建设与教师职业发展计划项目（项目号:IDHT20130523）“城市化进程中的首都人口、环境与发展问题研究”的系列成果。

北京市人口在过去几十年内的一个最为突出的特点，就是人口规模不断膨胀。全市常住人口在 1978 年只有 871.5 万人，2010 年第六次人口普查结果显示，北京市常住人口达到 1 961.2 万人，城市人口的比重从 1978 年的 54.96% 上升到 2010 年的 85.96%。2014 年年末，北京市人口进一步增加到 2 151 万人。与此同时，北京市的人口空间格局不均衡特征并没有显著改善，加上进入 21 世纪以来人口老龄化现象开始加剧，就业压力大且质量低，以及规模庞大的流动人口融合问题，都成为首都所面临的重大人口问题。

伴随着北京市人口的持续增长和人口结构、分布等多方面的变化，我们也面临着一系列愈演愈烈的城市问题，包括城市交通道路的拥堵、公共医疗服务和教育资源的严重不均衡和紧张；城市环境质量的恶化，城市贫富差距加大，城市水资源和土地资源日益紧缺。尤其是近年来北京频繁出现的雾霾，给全城人民心头笼罩了一层深深的阴影，也给政府的治理能力带来了严峻的考验。

北京市人口变动及其相关的问题，与城市化的进程、阶段和发展有着十分密切的关系。人口城市化是人口发展过程中必然要经历的阶段。联合国人口司发布的《世界人口城市化展望 2009》提供的数据显示，2010 年全世界城市人口达到 34.86 亿人，占全世界人口的 50.46%。根据联合国人口司的预测，世界人口还将继续城市化，到 2050 年世界城市人口将达到 62.86 亿人，占全世界人口的 68.70%。虽然从 20 世纪 80 年代以来中国的人口城市化发展非常迅速，但是整体上水平并不高，还有将近一半的人口为农村人口。整体上来说，中国一方面依然处在城市化水平快速上升的时期和阶段，这决定了北京市的人口发展必然深深烙上中国城市化整体发展阶段的烙印，反映在人口规模增长过快，以农村流动人口流入为主要特征的人口快速膨胀以及由此带来的资源环境和就业、教育等各方面压力不断增大；另一方面人口的整体素质偏低，就业的层次低下，人口空间分布高度不均衡，以及近年来出现的人口性别比偏高等多个方面问题突出。这些人口问题的出现和形成，与中国城市化发展的阶段与过程密切相关。然而关于城市化发展和人口问题关系的研究，在国内并不多见，目前的研究主要集中在城市化和人口各自的发展研究中，将二者整合起来，或者将人口问题放在城市化进程中加以分析的视角，国内还不多见，因此非常有必要开展这方面的综合性研究。

在这种背景下，我们于 2013 年申报了北京市教委资助的市属高等学校创新团队建设与教师职业发展计划项目“城市化进程中的首都人口、环境与发展问题研究”，该项目围绕城市化进程中的首都人口、环境、经济和社会发展及其关系展开了一系列的研究。参加团队建设的主要是首都经济贸易大学劳动经济学院和人口经济研究所的中青年学者以及硕士、博士研究生们。团队项目被分成 6 个子课题，分别对首都的人口增长问题、首都人口空间分布变动、首都人口老龄化问题、首都劳动力就业、首都流动人口及城市融合问题、首都人口政策调控以及首都人口与环境资源问题展开了系列性的研究，并最终完成了这些系列专著。

本系列研究成果是在前人研究成果的基础上，进一步对首都人口在城市化大背景下所面临的一系列人口、环境和发展问题展开的有针对性的系统研究，各个子项目研究的风格和内容体系尽管有所不同，但是均是对城市化发展背景下的首都人口最新问题展开的系列研究，期望不仅能够对大都市人口问题方面提供学术上的借鉴与交流，同时对于北京市政府和相关部门制定人口发展战略和相关政策起到参考作用。

感谢北京市教委启动的创新团队资助项目，使得这一套研究丛书得以面世。也感谢中国劳动社会保障出版社各位编辑为本书出版所付出的艰辛和努力。

北京市属高等学校创新团队建设与教师职业发展计划项目
“城市化进程中的首都人口、环境与发展问题研究”项目负责人
童玉芬
2015.11.30

目　　录

第一章　导论…………………………………………………………………… 1

一、问题提出与研究意义 ……………………………………………………… 1

二、对人口流动城市融合的文献综述与评价 ………………………………… 2

三、分析思路与研究内容 ……………………………………………………… 11

四、研究方法与数据来源 ……………………………………………………… 12

第二章　北京市流动人口及家庭成员的基本特征……………………………… 16

一、北京市流动人口的数量、年龄结构及婚姻状况 ………………………… 16

二、流动人口的受教育程度状况 ……………………………………………… 22

三、北京流动人口的来源地和滞留时间分析 ………………………………… 29

四、北京市流动人口配偶及子女基本情况 …………………………………… 37

五、小结 ………………………………………………………………………… 48

第三章　北京流动人口的行业与职业特征分析………………………………… 50

一、流动人口的行业选择及分布特点 ………………………………………… 50

二、流动人口的职业选择及分布特点 ………………………………………… 57

三、职业、社会地位与融合的关系 …………………………………………… 66

第四章　流动人口及家庭的城市融合现状研究………………………………… 69

一、流动人口经济融合状况 …………………………………………………… 69

二、流动人口社会层面的适应状况 …………………………………………… 75

三、流动人口的心理融合状况 ………………………………………………… 84

四、流动人口家庭生活状况 …………………………………………………… 89

五、小结 ………………………………………………………………………… 94

第五章　影响流动人口城市融合的模型分析…………………………………… 96

一、影响流动人口收入的模型分析 …………………………………………… 96

二、流动人口城市融合影响因素模型 …… 99

三、结论 …… 105

第六章　在京农民工子女的城市融合困境研究 …… 107

一、相关研究述评与研究资料的来源 …… 107

二、农民工子女边缘化的学习环境与融合的关系 …… 110

三、农民工子女同质化的生活环境与融合的关系 …… 122

四、农民工子女的社会认同 …… 129

五、同质环境的形成机制分析 …… 132

六、结论 …… 143

第七章　农民工城市融合的现状与困境——对建筑业农民工的考察 …… 145

一、文献回顾与本章的研究思路 …… 145

二、研究方法 …… 149

三、建筑业农民工城市融合的现状与困境 …… 150

四、制度身份、权益保障与城市融合 …… 157

第八章　农民工社会认同的形成研究——以建筑业农民工为例 …… 160

一、问题、理论与研究思路 …… 160

二、建筑工的基本信息 …… 163

三、认同建构的过程 …… 164

四、结论 …… 169

第九章　农民工社会保障缺失的社会排斥风险——以北京进城女性保洁工为例 …… 171

一、研究背景、问题与分析思路 …… 171

二、农民工社会保障政策文本与实践之间的距离 …… 177

三、社会保障缺失下的女性农民工的城市生活 …… 180

四、农民工社会保障缺失的成因与风险 …… 187

参考文献 …… 191

第一章
导　论

一、问题提出与研究意义

改革开放以来，随着人口流动限制的取消，出现了以农民工为主体的人口，向城市、向东南沿海和经济发达地区大规模流动。特别是在“以经济建设为中心”的政策引导下，这种跨地区的流动规模越来越大。据统计，1995年全国流动人口总量（离开户籍登记地半年以上，但不包括人户分离的人口）增加到8 000万，2000年全国离开户口登记地半年以上的流动人口数量达到1.38亿（段成荣、朱宝树、崔传义、陈友华，2009），2010年我国流动人口数量已经达到2.21亿。这个庞大的不断涌入城市的群体，对中国经济发展和流入地的社会繁荣都起到巨大作用。

流动改变了中国人口的分布格局，并且深刻影响着社会经济的各个方面。如行职业结构的改变，新社会群体的形成（打工族和农民工），以及城市社会阶层的分化等。人口流动还将对现有的以户籍制度为基础的人口管理制度、社会保障供给及各种利益分配机制形成巨大的冲击。在20世纪80年代和90年代，这个群体大多是只身来到城市、仅以打工为目的，那时他们是城市中的匆匆过客。但是城市流动群体的居留模式（举家生活在城市）和长期居住的比例，在改革后的30年里发生巨大变化（任远，2012）。根据国家统计局2013年5月公布的《2012年全国农民工监测调查报告》数据，2012年年末全国农民工总量达到26 261万人，流动人口家庭化趋势明显。国内有关学者将人口流动的家庭化过程分为四个阶段：单个个人外出流动阶段、夫妻共同流动阶段、核心家庭化阶段以及扩展家庭化阶段（段成荣、吕利丹、邹湘江，2013）。这一巨大变化带来的是这个群体的就业和居住问题、子女入托上学以及就医和养老等问题，而且成为流入地政府和有关部门亟待解决的问题，并且已构成对户籍制度和流入地资源分配的极大挑战。他们的生活与就业状况，已经成为城市社会发展的重要组成部分，但当这个群体为城市发展做出巨大贡献时，他们本应该享受的与城市市民同等的权利，却受到来自就业、居住和子女入学等多方面的排斥。已有研究表明，该群体，特别是农民工群体受到与制度身份相关的多重排斥（王小章，2009）。因此，流动人口的城市适应问题（朱力，2002）、社会融合问题（崔岩，2012；宋月萍，2012）已经成为政府和专家学者长久以来持续关注的社会问题。这也是关系到整个社会发展和社会稳定的重大问题。

本研究将从流动人口的基本情况、行职业结构、居住和消费方式和城市生活感受等方面展开分析，探究流动人口来源、流动特征和构成差异，以及他们的人力资本现状和社会地位变迁等问题。本研究还将用定量研究方法，建立流动人口城市融合的回归模型，以期解释影响流动人口经济融合、社会融合和文化融合的各方面因素，寻找流动人口社会融合的途径。本研究还将对两个特殊行业的农民工群体（建筑业农民工和城市事业单位的保洁员）的城市融入状况展开个案研究，最后对农民工二代、打工子弟学校学生的个案研究，也将回答作为城市的边缘人群在融入城市社会时所面临的困境。

二、对人口流动城市融合的文献综述与评价

（一）融合研究的缘起与相关理论

移民的社会融入是西方移民研究的重要内容。在西方研究界，对于移民社会融入的概念内涵存在多重界定，如同化、文化适应、社会吸纳等。而移民的社会融入又主要包含经济融入、社会—文化性融入、政治性融入等维度

（梁波，2010）。

在众多流派中，“融合论”“多元文化论”“区隔融合论”影响较大，它们都是用来理解和解释移民在西方社会的迁移过程和结果。

1．融合论

融合论作为社会科学领域的一个理论范式，最早可追溯到20世纪初美国芝加哥大学的社会学派，将融合定义为“个体或群体相互渗透、相互融合的过程；在这个过程中，通过共享历史和经验，相互获得对方的记忆、情感、态度，最终整合于一个共同的文化生活之中”。他们将融合过程和内容系统地区分为四种主要的互动：经济竞争、政治冲突、社会调节、文化融合。自1960年以来，在欧美关于新移民及其在流入地土生土长的后代的研究中，融合理论遭到抨击，美国作为文化“大熔炉”的理念也受到挑战。批评者认为，融合理论，在不分种族/民族差异和移民的社会经济背景下，一概假定，随着在流入地居住时间的延长、经济的整合、语言的适应、文化的认同，移民终将融入美国主流社会，但事实却并非完全如此。此外，融合并非少数族裔从进入流入地开始就不可避免地向流入地中等资产阶级看齐的一个线性轨迹，而是自己的传统逐渐弱化的过程；此过程是累积的、长期的、世代的，既包括有意识的个体行为，也包括自发的日常生活的决定；融合过程是不同层面多个因素共同作用的产物，是指界限的跨越、模糊和重构。这里的界限是指欧裔白人与少数族裔之间的鸿沟。

2．多元文化论

多元文化论与移民终将放弃自己的传统文化以适应主流社会的融合论不同，多元文化论用来描述多民族、多元文化、多语言的社会。该理论起源于20世纪四五十年代的美国，并逐渐在美国、加拿大、澳大利亚等以英语移民及其后裔构成主体民族的国家广为流传。多元文化论本来是一种政治主张，旨在对抗以欧裔白人为中心的、长期以来占据统治地位的、具有明显种族歧视的同化论。多元文化论强调，当移入地文化具有更大的包容性时，新移民会倾向于保持自己的文化价值，同时他们也会在新的定居地重塑其身份认同、价值观念，从而有助于形成多元化社会和经济秩序。

3．区隔融合论

区隔融合论是对传统融合理论的补充和发展，用来解释早期融合理论不能解释的现象。区隔融合论考虑到不同少数族裔在流入地所处社会经济背景的差异。此理论认为，移民的人文资本（如教育技能、文化）及他们在流入地最早遭遇的对待与融合模式之间存在互动。流入地公共政策和社会成员表现出来的敌意、冷漠或真诚接纳，对融合的过程及结果起着至关重要的作用。研究表明，因为与成人所处的角色、入城的目的、生活经历不同，子女在目的地的文化融合、行为适应、身份认同的路径和机制都与父母有很大差别；他们的社会融合很难完全从父母的融合经验中找到答案。通过对美国第二代移民的研究发现，流动人口子女可能呈现出“区隔融合”模式：来自于许多地区的第二代移民只是在某些层面融合到美国的主流社会中。该理论比传统的线性融合更复杂，用来诠释新移民或第二代移民（尤其是后者）如何和为什么走了一条不同于先辈融合于美国的社会路径。

国外关于流动人口和社会融入的研究较为丰富，但对于解释我国的流动人口的社会融入问题时就显得不十分适用。中国社会的转型方式和特有的城乡二元体制，决定了中国工业化和城市化的特殊路径。而流动人口，这个转型过程中出现的新群体，他们的市民化过程和城市融合过程将遭遇体制、文化、经济和心理的困境。这是一个与西方移民融入很不相同的过程。因此，单纯地在西方理论话语之中寻找解决问题的钥匙只能是脱离现实，事倍功半（季文，2009）。吸收西方理论的优秀经验，研究城市之间、城乡之间的流动人口城市融合，需要研究者将中国特有的户籍制度、福利制度和社会转型等因素考虑在内，并深入实际进行实地调研和考察。

（二）国内相关研究综述

国内社会融合的理论研究主要是参考国外的理论体系，既有参考美国社

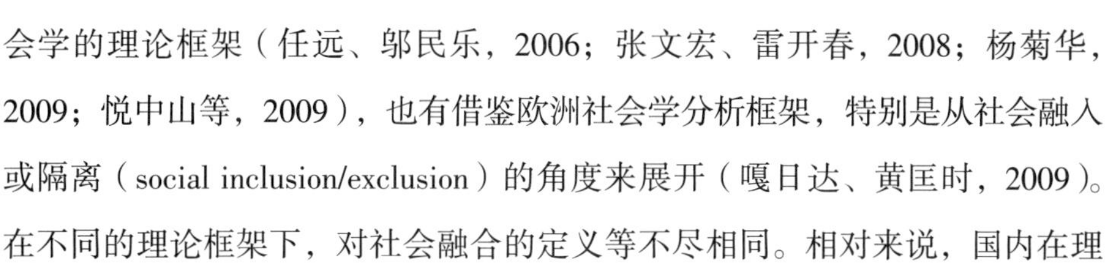

会学的理论框架（任远、邬民乐，2006；张文宏、雷开春，2008；杨菊华，2009；悦中山等，2009），也有借鉴欧洲社会学分析框架，特别是从社会融入或隔离（social inclusion/exclusion）的角度来展开（嘎日达、黄匡时，2009）。在不同的理论框架下，对社会融合的定义等不尽相同。相对来说，国内在理论方面的研究还比较薄弱（周皓，2012）。

1．测量的维度

社会融合是一个多维度的概念，现有对流动人口或农民工的融合研究，主要以定量研究为主。从“社会融合”测量维度看，主要包括：①经济融合。指流动人口在迁入地居住，并获得一定的经济收入；其主要标志是有固定的住所及稳定、平等的经济收入。②文化适应（acculturation）。指流动人口适应迁入地的社会文化，主要表现在语言、居住时间、外表、饮食等。③社会适应。即迁入人口逐步调整由迁移所带来的心理问题及在迁入地的各种满意度，包括社会、职业及住房等方面的满意度。④结构融合。以社会交往与社会分层为主要标志，即他们的社会交往群体从迁入人口扩展到了本地人口；在社会分层上，他们逐步摆脱边缘地位，向中产阶级或更高层次接近；同时也包括部分高层次人群政治权力的要求。⑤身份认同。即在与本地居民的社会交往与互动过程中，迁移者逐步对自己的身份取得新的认同，且在双向的交往过程中取得原居住地居民的认同，最终形成相互认可与接纳的状态，即能够彼此接受和尊重，形成和谐的社会关系，找到共同归属感（田凯，1995；朱力，2002；童星、马西恒，2008；张文宏，2008；王桂新，2011；史晓浩、王毅杰，2010）。

2．研究视角

笔者浏览和阅读相关文献之后，认为以往的文献可以按照从宏观到中观、再到微观的分析视角，共分为三个层次：一是制度与政策的宏观视角，二是社会结构与农民工群体之间互动的视角，三是农民工按群体特征的细分研究。

（1）制度与政策的宏观视角

在经济全球化的背景下，我国正在经历快速工业化和城市化过程，在这一过程中，农村劳动力大量和迅速的转移就业引发了重构我国社会政策体系的问题。为解决我国农村劳动力转移就业社会政策的基本模式选择问题，有学者提出"从长期政策发展目标来看，应该选择构建统一的和城乡一体化的社会政策模式"（关信平，2005）。随着20世纪80年代"民工潮"的兴起，国家出台了一系列的农民工政策，并不断作出调整。从1978年到现在，国家的农民工政策经历了从限制到宽松、从零散到系统规范的过程。特别是2003年以来，国家加大政策调整的力度，解决了农民工遇到的许多亟待解决的问题，使农民工的流动步入有组织和健康有序的轨道（盛昕，2008）。学者们普遍认为，农民工进入城市面临制度障碍和社会政策的缺失。近年来，农民工"市民化"、融入城市等，渐渐地成为研究和刊论的焦点问题。农民工群体自身的变化和国家社会政策的调整是两大重要催化剂：一方面，农民工群体自身发生一些质的变化，比如新生代农民工的出现，更多的农民工希望在城市获得市民权；另一方面，国家对农民工的社会政策从过去的控制到目前一定程度的接纳和肯定，为农民工提供了一个更宽松的政策环境。特别是讨论农民工的城市融入问题的时候，应首先关注的是他们是否与城市居民一样享受同等的基础性社会公平和机会底线（王春光，2011）。

（2）社会结构与农民工群体之间的互动

现代性视角。有学者认为，农民工在流动过程中已经开始逐步地向现代转变。具体表现在：发展能力的培养，开放性头脑的形成，商品经济意识的萌发，关系网络的重构及其意义的重释，制度文化与行为规范的习得（蔡志海，2004）。徐艳则对农民工现代性状况的影响因素进行了分析。研究表明，文化程度越高的农民工更容易获得现代性，职业流动次数越多的农民工更容易获得现代性，人际交往范围越广的农民工更容易获得现代性（徐艳，2001）。

再社会化视角。从这个角度来看，进城农民工的融合表现为他们以适应新环境的继续社会化。该理论强调三个层面的社会融合：经济、社会、心理或文化。该理论认为，流动人口适应城市生活的过程实际上是再社会化的过程，必须具备三个基本要求：相对稳定的职业、像样的收入及社会地位。这些条件使流动人口和当地人的接触、交往、参与流入地的社会生活成为可能，并促进他们接受新的、与当地人相同的价值观（田凯，1995）。

社会整合视角。农民工的城市融入过程不仅是农民工单方面的城市适应过程，而且是城市市民对外来务工者的理解与接纳过程，是两个群体之间的社会整合过程。一些学者揭示和分析了农民工在城市遭受歧视的多种原因、农民工与市民之间存在冲突等问题。李强指出，市民对农民工的歧视和农民工对市民的不满、心理上的受歧视感引发了二者之间的冲突（李强，1995）。由于多种原因，农民工与市民之间存在一定的冲突。周春霞认为，农民工与市民冲突的表现是多种多样的。从冲突的强度和方式看，主要有心理上的相互抵触、语言上的口角争吵、行为上的打架斗殴，还有群体性的罢工、怠工、集体上访、违法犯罪等；从冲突的领域看，涉及政治、经济、文化、生活等各个方面（周春霞，2004）。

社会分层和社会流动视角。农民工的流动是他们获得新社会位置和社会地位的过程。在中国社会，农民与市民的差别不仅在于他们的居住地域和职业不同，更在于后者在社会身份、权利和阶层地位上明显优越于前者。所以，农民工城市融入的过程不仅是他们从农村流向城市、从农业流向非农产业的过程，更是他们获得市民身份和权利、提高经济和社会地位、实现向上的社会流动过程。李强通过多次调查证明，农民工在城市社会分层体系中处于非常低下的位置，而且城市中的二元劳动力市场将一部分属于底层精英的农民工长期排斥在社会底层的位置上（李强，2002）。王春光认为，农民工群体在城市社会得不到应有的国民地位，他们对城市社会不会有强烈的社会认同和归属感，绝大多数农民工一直处于一种“半城市化”的状态，很难融入城市社会，在某种意义上产生了社会隔离和边缘化累计问题（王春光，2006）。

社会资本与社会网络视角。该视角的研究表明，农民工在城市中主要还是依赖以亲缘和地缘关系为基础的初级关系。李培林认为，农民工进城后，虽然生活在城市，但还没有真正地融入城市生活，没有建立起以业缘关系为纽带的生活圈子。他们的生活圈子仍然建立在亲缘和地缘关系上（李培林，1996）。外来人口本身，以及他们的社会网络及其社区，都是社会网络及其运动的结果。有学者认为农民工依靠原始社会资本无法融入城市社会，而需要依靠新型社会资本，才能融入城市社会（刘传江、周铃，2006）。

社会排斥视角。农民工还在社会交往方面受到排斥。“他们在城市中所遭受的社会关系网的排斥源于一种空间的策略，一种‘污名化’的叙事和话语系统，一种对社会资源垄断的偏好，一种社会距离的自觉生成”（潘泽泉，2007）。总体而言，农民工群体在多个维度上受到社会排斥，包括经济、政治、文化、社会组织与网络、社会保障与教育、空间共六个方面。这些不同向度的社会排斥交织、相互积累，共同将农民工推向了城市社会的边缘（丁开杰，2012）。

社会认同视角。社会认同是对自我特性的一致性认可，对周围社会的信任和归属，对有关权威和权力的遵从等。例如在对新生代农民工社会认同的研究中，有学者从身份认同、职业认同、乡土认同、社区认同、组织认同、管理认同和未来认同等七个方面进行考察（王春光，2001）。农民工适应城市社会的程度又与其社会认同密切相关，农民工认同城市社会，即“对城市生活方式、工作方式、城市文化、市民价值观念、市民群体的日常运作逻辑等的赞同、认可、渴望与同化，并将城市人作为自己的参照群体和评价标准”（李超海、唐斌，2006）；以此就会更多地将自己归类于城市人群体，从而获得自尊和归属感。

3．针对某一类别农民工群体的研究

农民工群体内部因行业、年龄和性别等，群体差异很大，对城市社会的

适应性和认同感存在很大不同。对特定农民工群体的研究，成为社会政策研究者重点关注的问题（王春光，2001）。

（1）新生代农民工的研究

2001 年，王春光在他的研究中提出，农村流动人口已经出现代际间的变化，“新生代农民工”不仅在流动动机上存在很大的差别，在许多社会特征上也很不相同。他从社会认同的角度分析了新生代农村流动人口与城市融合的问题，总结了新生代农民工的人口学特征，认为他们对制度性身份的认可在减弱，农民身份被赋予了更多的社会含义。同时他们也在尝试认同流入地社会的文化，但是由于与流入地社会成员的社会地位上的差异，相互之间难以达成认可。在与流出地的关系上，对于家乡的乡土认同在逐渐减弱。总体来说，新生代农民工的社会认同趋向的不明确和不稳定状态，体现出更大的“流动性”。他还提出农民工社会融合的“半城市化”概念，认为“半城市化”是一种介于回归农村与彻底城市化之间的状态，表现为各系统之间的不衔接、社会生活和行动层面的不融合，以及在社会认同上存在“内卷化”现象（王春光，2006）。他提出新生代农民工主要面临着三大难以化解的城市化张力（王春光，2010）。李培林在他的文章也指出，新生代农民工的融合状况与老一代相比没有明显改善，政策制度对农民工社会融入具有重要影响，农民工社会融入的经济—社会—心理—身份四个层次不存在递进关系，经济层次的融入并不必然带来其他层次的融入（李培林，2012）。

（2）建筑工群体的研究

改革开放以来，建筑业成为我国国民经济发展的支柱产业。据有关资料，在建筑业从业的一线人员中，90% 以上是农民工，农民工成为建筑工人的主体。而在农民工中，从事建筑业工作的人占到 10% 以上，建筑工是一个庞大的农民工群体。有学者以建筑业农民工群体为例，从融合的社会经济维度探讨该群体城市融合的现状与困境，深入了解农民建筑工的日常居住、生活消费、权益保障、劳动经历和社会认同等方面情况，并提出以制度身份为基础的该群体社会地位的边缘化，才是阻碍农民工城市融合的症结所在。

（3）女性、打工妹群体的研究

由农村流动到城市务工、居住的女性不仅要和男性一样面临户籍制度所带来的权利障碍，同时还要面对传统社会性别的角色的压力，这使得农村女性在城市融入过程中面临着更大的风险和挑战。制度身份和性别身份的双重作用，使农村女性在融入城市过程中呈现出独特的特点和风险（张翠娥、付敏，2011）。全海燕通过对北京市“打工妹之家”的部分成员进行调查与访谈，了解打工妹群体从农村到城市的生活全貌。他的研究以该群体的生存体验与社会支持网络为着眼点，认为在打工妹群体中已逐渐建立起新的社会支持网络。在探讨社会组织对个人影响之时，他建议在制度和政策制定中，应从改善群体生存状况入手，提供更多公平发展的机会（全海燕，2003）。

4．述评

国外移民研究较好地解释了每个时代移民的融合现状、过程及结果。融合论是在20世纪初期起源，是较早关于移民在流入地的适应过程的理论框架，对此后的理论发展和实证研究有很大作用。西方国家关于人口迁移与移民融合理论，对研究我国的人口流动有一定的意义，但并不完全适合我国的国情。我国人口、劳动力迁移状况和流动人口的城市适应性，都与当下的制度安排和经济发展紧密关联，中国特有的户籍制度和长久以来形成的城乡二元分割状况，是我们在分析流动人口融入城市过程中首先要考虑的因素。此外，流动群体异质性强、所处职业不同，他们的融合具有各自不同的特点。

近年来关于农民工城市融合方面的研究成果颇多，注重将移民融合的有关理论运用到本土经验研究。这些研究大多数采用问卷调查的方式收集数据，针对某一地区或某一群体的实证研究居多。研究可分为对“农民工城市融合”的界定与过程分析，以及对农民工城市融合的影响因素分析（郭星华，2004；赵延东，2002）。第一类研究的特点是将农民工的城市融合问题分为不同层次或不同发展阶段，并且将经济因素作为农民工融入城市的首要条件，农民工

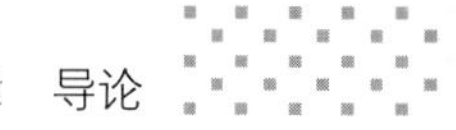

似乎只有在提高自己市场竞争力的条件下才可能更好地融入城市，这一点非常值得商榷。第二类研究探讨社会资本和社会网络对农民工融合的影响。这类研究一般建立分类变量的多元回归模型，以农民工的个体变量（交往中的人是否有本地居民以及性别、年龄、收入、受教育程度等）来解释和分析农民工城市融合的差异与影响因素。这类研究的假设为：社会资本有助于缩小社会距离，移民的社会资本或社会网络对移民适应流入地生活具有重要意义。

整体上，大多数研究借鉴了国外的移民融合理论或移民排斥理论，研究采用定量方法。但因对概念的理解存在差异，各类研究自成体系，尚未形成对于中国流动人口研究的理论分析框架，而且在政策建议和具体制度中可操作性及可持续性的研究尚显不足。

三、分析思路与研究内容

在布迪厄看来，"决定一个场域的除了其他因素以外，是每个场域的游戏规则和专门利益，这些游戏规则和专门利益不可化约为别的场域的游戏规则和专门利益"（高宣扬，2004）。在对流动群体的城市融合问题上，除了人力资本、社会资本这类被讨论较多的因素外，我们不能忽略与该群体紧密相关的身份地位，特别是与户籍制度相关的住房、就业和子女上学等政策对流动人口的限制与影响，尤其是当群体内部某些成员缺少技能、职业地位很低时，政策对他们的限制，将是影响该群体社会融合的主要因素。因此，讨论流动人口融合问题时，对相关政策进行梳理是非常必要的。

在内容分析上，我们首先分析北京流动人口的基本特征，包括其城乡构成、来源地及年龄构成等。其次，分析流动人口的社会经济地位差异，并与全国进行对比。最后，围绕融合问题，分析北京流动人口的经济适应、社会适应和心理适应三大方面的内容。建构流动人口社会融合和经济融合模型，并讨论个体人力资本特征、社会资本和保障状况等对流动人口社会融合的影响。我们发现，流动群体的社会融合状况差异很大，特别是农村户籍的流动人口，即农民工群体，他们的城市融合状况非常不乐观。尽管我们由定量分析模型可以非常清楚地看到“影响流动人口城市融合的各种因素的作用”，但是在“回答这些变量如何影响他们的城市融合过程”时，就显得力不从心，毕竟模型抽离了群体特定的社会环境与微观特征，而难以给出令人满意的答案。因此，本书的后半部分就“农民工群体的城市融合和他们所遭遇的社会排斥问题”专门展开分析。本书运用质性方法，对特定的农民工群体进行深入的参与观察和深度访谈，分别探讨农民工子女的城市融合问题、农民工群体的社会融合与社会认同问题、女性农民工群体的城市融合问题。我们分别从社会分层、社会生态学的角度，探讨打工子弟学校的学生（农民工二代）的居住、日常生活及学校环境，对农民工二代融入城市的影响；从农民工的权益保障和社会保障缺失角度，探讨北京建筑业农民工的生活、工作和权益缺失状况，进而探讨这个行业的农民工群体的城市融合问题；并以女性农民工、高校保洁员为例，回答“当一个外来群体在物理空间上与城市人共同相处时，她们的融合状况能否凭借这种优势而有明显改变”“她们受到来自哪些方面的排斥”这类微观、具体而深刻的问题。后半部分都属于个案研究，采用参与观察和深度访谈完成。但是这样的个案在北京和其他大城市并非特例，我们试图从这三个很具有代表性的农民工群体出发，从不同的角度去探讨农民工群体在城市社会所面临的融合困境和所遭遇的社会排斥问题，也由此回答为何在分析外来群体的社会融合时，人力资本和社会资本并非最关键的影响因素。

四、研究方法与数据来源

本书第二章至第五章，使用了来自国家卫生和计划生育委员会流动人口管理司“2012 年中国流动人口动态监测数据”，该数据的调查对象是在流入地居住一个月及以上、非流入地（县、市）户口的男性和女性流动人口。调查对象年龄限定为：2012 年 5 月，年龄为 15 ~ 59 周岁，即 1952 年 6 月至 1997 年 5 月间出生的流动人口。调查采用问卷的形式，按照分层、多阶段、与规模成比例的 PPS 抽样方法，在 31 个省区市（不含港澳台）和新疆生产建设兵团随机抽取样本。本书使用的北京流动人口数据均来自这次调查。该问卷涉及四部分内容，具体为：①流动人口的基本情况；②就业、居住和医保；③婚姻与计划生育服务情况；④生活与感受。调查不仅包括流动者本人的年龄、性别、就业、受教育程度等人口社会学信息，还涉及他们的配偶、子女和父母以及亲属等多方面的信息。此外，流动者的社会参与、心理感受和在城市生活的支出与消费结构都包括在问卷之中。

本书运用定量和定性研究方法分析北京流动人口的城市融合问题，运用定量方法挖掘 2012 年流动人口监测数据。除了分析和描述流动人口及家庭的基本特征外，还构建了流动人口城市融合和经济融合模型，分析影响流动人口社会融合的各类因素。本书还利用 2010 年人口普查数据对比北京的流动人口与全国其他地区流动人口行职业和文化程度等方面的差别。另外，还运用质性研究方法对三个特殊的群体的城市融合问题做深入讨论。

本书第六章至第九章，主要利用了深度访谈和参与观察方法收集数据。第六章的资料是以北京打工子弟学校的学生作为研究对象，运用深度访谈和参与观察方法，对分别位于丰台区和石景山区的三所打工子弟学校学生的家庭状况、生活的社区和他们所在学校的状况做深入的调查。数据是我的两位学生李益峰和刘雅琳分别于 2011 年 10 月至 2012 年 4 月和 2012 年 11 月至 2013 年 6 月，在北京丰台区和石景山区三所打工子弟学校收集的资料，我曾与刘雅琳同学一同进入位于石景山区的 SR 学校，对校长、教导主任和老师进行访谈。

第七章和第八章的部分数据来自于天津、上海、广州、兰州和重庆五个城市建筑工调查。此次调查是受国家住房和城乡建设部委托，由清华大学与中国社科院社会学方法研究中心合作，在全国范围内展开的有关建筑业农民工的工作、生活、流动和权益保障状况等方面所做的大规模问卷调查。问卷由农民工的个人及家庭状况、工作基本情况、劳动过程与劳动关系、培训情况、劳动权益状况、健康与休闲及对社会的认知七大部分组成。问卷在预调基础上设计完成。社会认知采用了量表形式，由建筑工的工作和收入满意度、对自己社会地位的认知、对城市人的看法、对农民身份的认知和对劳动中形成关系的认知等多个层面组成。调查获有效问卷近 5 000 份。此外，笔者深入工地达半年以上，亲身经历了农民建筑工的劳动过程，并通过参与观察和深度访谈等方法，深层次了解农民建筑工的日常居住、生活消费、权益保障、劳动经历和社会认同等方面的情况。

第九章的数据来自我的学生杜蔚、师苏娟和李珊等同学于 2012 年和 2013 年对高校保洁女工的参与观察和深度访谈，她们还利用问卷，调查了高校、机关事业单位等保洁女工的日常生活状况。此次共发放 60 份问卷，回收了 50 份有效问卷。问卷内容涉及她们的婚姻家庭状况，在北京的居住和打工状况、社会保障状况，以及该群体的自我认同和对北京的适应等方面的内容。

本书共分为九章。第一章导论，阐述研究问题、对相关理论和文献进行综述，提出研究思路。第二章，分析流动人口的基本特征。我们利用流动人口监测数据分析来京的流动人口的性别年龄结构、来源地、城乡构成等基本问题。第三章，分析北京流动人口的行业与职业特征。我们从社会分层与流动视角分析来京流动人口的社会地位以及与流动群体内部的分化状况。第四章，流动人口及家庭的城市融合研究。我们从流动人口收入、居住状况、消费结构、社会资本构成等方面分析他们的经济融合、社会适应和心理接纳等社会融合问题。第五章，影响流动人口城市融合的模型分析，选择了受教育程度、户籍类型、社会资本和医疗保障状况等有关变量，对流动人口经济融合和社会排斥感进行回归分析。在模型的基础上探讨影响流动人口融合的关键因素。第六章，在京农民工子女的城市融合困境研究。以北京打工子弟学校学生作为研究对象，探讨农民工子女的城市融合问题。第七章，农民工城市融合的现状与困境。以建筑业农民工群体为研究对象，探讨这样一个流动性极大的群体的城市融合问题。第八章，农民工社会认同的形成研究。仍以建筑业农民工群体为例，分析各种社会力量对他们认同形成的影响。第九章，

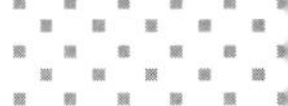

农民工社会保障缺失的社会排斥风险。以事业单位的女性保洁员为研究对象，探讨与城市人共处同一物理空间的女性农民工群体所遭遇的社会排斥。最终，对农民工的就业政策和社会保障政策与融合的关系等进行分析。本书总框架如图 1—1 所示。

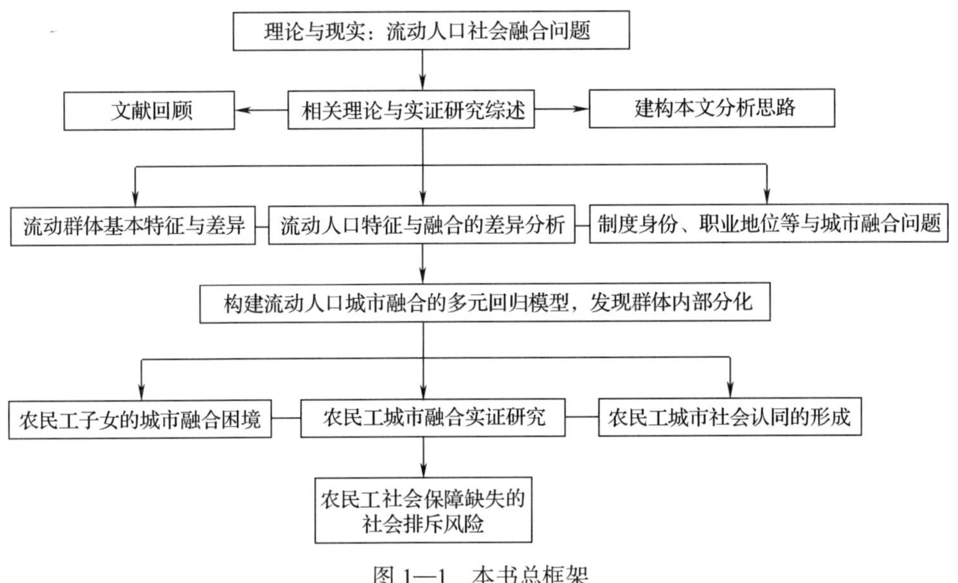

图 1—1　本书总框架

第二章

北京市流动人口及家庭成员的基本特征①

一、北京市流动人口的数量、年龄结构及婚姻状况

利用国家卫生和计划生育委员会组织调查的《流动人口动态监测调查问卷（2012 年）》和相关文献提供的信息，我们对北京市流动人口及家庭成员的基本特征进行描述，并将北京市流动人口按照“城城流动”和“城乡流动”分为两个部分②，对比北京市流动人口内部结构和差异特征。

（一）急剧增长的流动人口数量——三个人中就有一个是“外地人”

改革开放以来，北京市流动人口数量不断增加，按不同发展时期来看，流动人口的增长幅度越来越大。1982 年到 1990 年这八年中，在北京居住一年以上、户口在外地的人数增加了 35.58 万人，八年间增长 270.24%，平均每年增长 17.78%。而在北京居住不满一年，但离开常住户口所在地一年以上的人，八年间增长 10.27 倍，平均每年增长 35.36%（查瑞传、段成荣、刘秀花，1993）。1990 年至 2000 年十年之间，北京流动人口增加 174.76 万人，在新增人口中，流动人口占 68%（侯亚非、马小红，2005）。2000 年以后，北京流

① 本章数据整理和一部分内容分析，得益于李焱豪同学的帮助，特此感谢。

② “城城流动”指的是拥有外省市的城市户籍的居民来京工作，“城乡流动”指的是外省市的农村户籍的居民来京工作。

动人口持续增长，截至 2005 年年底，北京市流动人口总量达到 357.3 万人，比 2000 年增加 101.2 万人，平均每年增加 20.2 万人，年均增长 6.9%（翟振武、段成荣，2007）。2010 年第六次人口普查显示，北京市常住人口 1 961.2 万人，其中外省市来京人员数量为 704.5 万人，与第五次人口普查相比，流动人口数量增加 447.7 万人，平均每年增长 44.77 万人，平均年增长率为 10.6%，流动人口所占比率从 2000 年的 18.9% 上升为 2010 年的 35.9%（倪娜、易成东，2012）。2013 年，北京人口规模持续增长，户籍人口增加至 1 316.3 万人，半年以上的常住流动人口突破 800 万人，从 2012 年的 773.8 万人增至 802.7 万人，占常住人口的比例达到 38%。很显然，北京每三个人中至少有一个非北京户籍的人。

对 2012 年流动人口监测数据进行分析我们还发现，北京流动人口中，农业户籍的流动人口占据了绝大部分，比例为 74.6%，城市户籍的流动人口占 25.4%。农业户籍的流动人口数量达到了城市户籍流动人口数量的 3 倍左右。我们认为农业户籍的流动人口仍然是北京市流动人口大军中的主力军，而这两个群体的对比研究和农业户籍流动人口所面对的问题，更值得我们关注。

（二）相对年轻的年龄结构与相对年轻的农村户籍流动人口

据 2012 年流动人口监测数据计算，北京流动人口的平均年龄为 27.58 岁，年龄中值为 28 岁，四分位数分别为 17 岁和 38 岁。30 岁的人口数量最为众多。相较于 2010 年第六次人口普查全国流动人口 31 岁的平均年龄、0 ~ 14 岁未成年人口比重为 10.4%（亓昕，2014），北京市流动人口的平均年龄更低，且青少年儿童所占比重更大，2012 年北京 0 ~ 14 岁未成年流动人口所占比例超过了 20%。其中，4 岁以下的流动人口占据全部流动人口的 10.1%。从年龄构成上看（见表 2—1），20 ~ 24 岁的北京市流动人口占据了全部流动人口的 11.5%，25 ~ 29 岁的北京市流动人口占据了全部流动人口的 12.7%，30 ~ 34 岁的北京市流动人口占据了全部流动人口的 13.9%，35 ~ 39 岁的流动人口占据了全部流动人口的 10.9%。相比较而言，45 岁及以上的流动人口数量比重较小。45 ~ 49岁、50 ~ 54岁、55 ~ 59岁、60岁及以上四个群体，其比例分别为6.3%、2.4%、2.1%、2.3%。综上所述，北京市流动人口整体上正在日益呈现出一种年轻化的趋势。

表2—1　　2012年北京市流动人口的年龄、性别结构与户籍特征　　单位：%

户口性质	农业			非农业			合计		
年龄与性别	男性	女性	合计	男性	女性	合计	男性	女性	合计
4岁及以下	10.1	8.8	9.5	12.1	11.5	11.8	10.6	9.5	10.1
5 ~ 9岁	8.1	7.0	7.6	5.6	4.8	5.2	7.5	6.5	7.0
10 ~ 14岁	6.7	5.6	6.2	4.1	3.1	3.6	6.1	4.9	5.5
15 ~ 19岁	7.7	6.4	7.0	3.6	3.2	3.4	6.7	5.6	6.1
20 ~ 24岁	11.9	14.1	13.0	6.9	7.7	7.3	10.7	12.4	11.5
25 ~ 29岁	11.2	13.1	12.1	12.3	16.9	14.6	11.5	14.1	12.7
30 ~ 34岁	10.9	11.6	11.2	21.4	21.9	21.6	13.5	14.3	13.9
35 ~ 39岁	10.4	10.1	10.2	13.5	12.3	12.9	11.2	10.7	10.9
40 ~ 44岁	9.5	10.4	9.9	6.8	6.0	6.4	8.8	9.3	9.0
45 ~ 49岁	7.1	6.7	6.9	5.4	4.0	4.7	6.7	6.0	6.3
50 ~ 54岁	2.6	2.2	2.4	2.7	2.4	2.5	2.6	2.2	2.4
55 ~ 59岁	1.8	1.7	1.7	2.8	3.4	3.1	2.0	2.1	2.1
60岁及以上	2.0	2.4	2.2	2.8	2.7	2.7	2.2	2.5	2.3
合计	100.0	100.0	100.0	100.0	100.0	100.0	100.0	100.0	100.0

资料来源：根据2012年北京市流动人口监测数据计算。

我们对比农业户籍和非农业户籍流动人口年龄结构发现，非农业户籍的流动人口的年龄分布更加集中，且更为年长。如图2—1所示，系列1为农业户籍的流动人口，系列2为非农业户籍的流动人口。农业户籍的流动人口在年龄组为20 ~ 24岁、25 ~ 29岁、30 ~ 34岁、35 ~ 39岁、40 ~ 44岁的几个年龄段中分布较为平均，占比为10% ~ 15%之间；而在非农业户籍的流动人口之中，20 ~ 24岁所占比例为7.3%，25 ~ 29岁所占比例为14.6%，30 ~ 34岁所占比例为21.6%，35 ~ 39岁所占比例为12.9%，40 ~ 44岁所占比例为6.4%。在这几个相同和连续的年龄段中我们发现，非农业户籍的流动人口分布集中，低年龄段（20 ~ 24 岁）和高年龄段（40 ~ 44 岁）相对农业户籍流动人口的比例小，在 30 ~ 34 岁，非农业户籍流动人口达到峰值，占比为 21.9%。此外，通过分析发现，农业户籍的流动人口年龄均值为 27.25 岁，年龄中值为 27 岁，年龄众数为 24 岁，年龄的四分位数分别为 16 岁和 39 岁；而非农业户籍的流动人口年龄均值为 28.56 岁，年龄中值为 30 岁，年龄众数为 30 岁，年龄四分位数分别为 20 岁和 37 岁。显然，从年龄构成看，非农业户籍的流动人口更年长，且分布更集中。

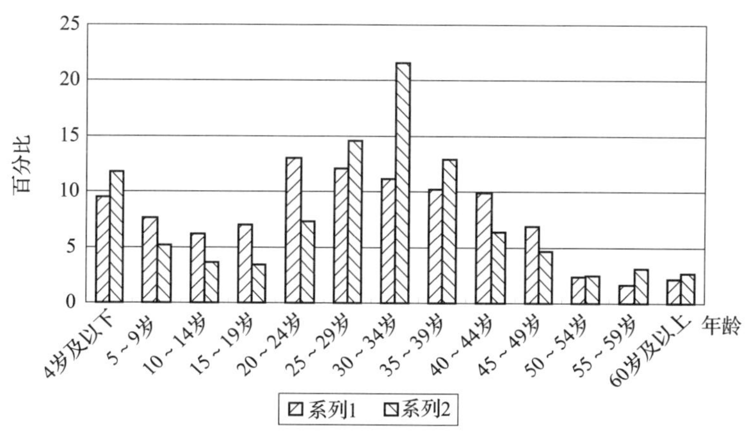

图 2—1　2012 年北京市流动人口按户籍的年龄结构

（三）流动人口的性别构成

对比流动人口性别差异可以发现，男性和女性流动人口的年龄结构相差不大，年龄均值男性为 27.25 岁，女性为 27.91 岁。年龄中位值男性为 28 岁，女性为 29 岁。众数皆为 30 岁。从分年龄组状况看，20 ~ 24 岁、25 ~ 29 岁、30 ~ 34 岁、35 ~ 39 岁这四个年龄段中，不论是男性还是女性其所占比例均超过 10%，且比例较为接近，在其余年龄段中，年龄结构的表现也是如此（见表 2—1）。相对于男性，女性年龄分布较为集中。男性的四分位数分别为 15 岁和 38 岁，女性为 18 岁和 38 岁。但是男性和女性流动人口之间的年龄结构接近，其结构并未出现明显差异。

表 2—2 是分年龄的北京市流动人口性别结构。从整体情况来看，北京

市流动人口性别结构略呈现为男多女少的特点，但是差距并不明显。北京市流动人口中男性占51.4%，女性占48.6%，男性略多于女性。2010年第六次全国人口普查数据显示，在我国全部流动人口中，男性占流动人口总数的53.2%，女性占流动人口总数的46.8%。与全国流动人口数据相对比，北京市流动人口性别结构更为平衡。

表2—2　　北京市流动人口按户籍的性别结构　　单位：%

户口性质	年龄	男性	女性	合计
农业	4岁及以下	55.2	44.8	100.0
	5～9岁	55.3	44.7	100.0
	10～14岁	56.4	43.6	100.0
	15～19岁	56.3	43.7	100.0
	20～24岁	47.6	52.4	100.0
	25～29岁	48.0	52.0	100.0
	30～34岁	50.2	49.8	100.0
	35～39岁	52.6	47.4	100.0
	40～44岁	49.4	50.6	100.0
	45～49岁	53.5	46.5	100.0
	50～54岁	56.1	43.9	100.0
	55～59岁	52.9	47.1	100.0
	60岁及以上	47.0	53.0	100.0
	合计	51.8	48.2	100.0
非农业	4岁及以下	51.4	48.6	100.0
	5～9岁	53.9	46.1	100.0
	10～14岁	57.2	42.8	100.0
	15～19岁	53.0	47.0	100.0
	20～24岁	47.6	52.4	100.0
	25～29岁	42.3	57.7	100.0
	30～34岁	49.8	50.2	100.0
	35～39岁	52.5	47.5	100.0
	40～44岁	53.8	46.2	100.0

续表

户口性质	年龄	男性	女性	合计
非农业	45～49岁	57.9	42.1	100.0
	50～54岁	52.6	47.4	100.0
	55～59岁	45.8	54.2	100.0
	60岁及以上	51.2	48.8	100.0
	合计	50.3	49.7	100.0
合计	4岁及以下	54.1	45.9	100.0
	5～9岁	55.0	45.0	100.0
	10～14岁	56.5	43.5	100.0
	15～19岁	55.9	44.1	100.0
	20～24岁	47.6	52.4	100.0
	25～29岁	46.3	53.7	100.0
	30～34岁	50.0	50.0	100.0
	35～39岁	52.6	47.4	100.0
	40～44岁	50.2	49.8	100.0
	45～49岁	54.4	45.6	100.0
	50～54岁	55.2	44.8	100.0
	55～59岁	50.2	49.8	100.0
	60岁及以上	48.2	51.8	100.0
	合计	51.4	48.6	100.0

资料来源：根据 2012 年北京市流动人口监测数据计算。

从年龄和户籍性质两个方面来看，北京市流动人口内部均没有出现严重的性别结构分化。首先，农业户籍中，男性占据农业户籍的北京市流动人口的 51.8%，女性占据农业户籍的北京市流动人口的 48.2%；非农业户籍中，男性占据非农业户籍的北京市流动人口的 50.3%，女性占据非农业户籍的北京市流动人口的 49.7%。对比农业户籍和非农业户籍的流动人口来看，农业户籍和非农业户籍的流动人口性别结构之间区分并不明显，性别结构同样十分接近，未出现明显分化。

其次，从年龄来看，各个年龄阶段男女分布大致相当，基本处于男多女

少的性别结构，但在 20 ~ 24 岁、25 ~ 29 岁以及 60 岁以上三个年龄段，北京市流动人口中女性多于男性，其余年龄段的数据均显示出北京市流动人口在该年龄段中男性所占比例要略高于女性。因此，也就导致了北京市流动人口略微呈现出男多女少的性别结构特征。

（四）流动人口的婚姻状况特征

本书将婚姻状况分为已婚和未婚两大部分。已婚部分包括初婚、再婚、离异、丧偶四种婚姻状况。从婚姻状况的整体情况来看，北京市流动人口内部有 38.4% 的人处于未婚状态，61.6% 处于已婚状态。2010 年的第六次人口普查相关数据显示，全国流动人口中未婚人口为 32.5%，已婚人口为 67.5%。2012 年北京市流动人口未婚比例略高于全国平均水平。这一状况是因为北京市流动人口年龄构成与全国有较大差别，北京流动人口 0 ~ 14 岁未成年比例高于全国平均水平（参见第一部分具体内容），因此对北京市流动人口整体已婚状况有所影响。

80 后新生代流动[①]人口中，有 35.5% 的人未婚，64.5% 的人已婚。1980 年以前出生的流动人口中，仅有 1.3% 的人未婚，98.7% 的人属于已婚。60 岁以上流动人口全部已婚，不存在未婚。

从户籍性质方面来看，农业户籍的流动人口中有 39.4% 的人属于未婚，60.6% 的人属于已婚；非农业户籍的流动人口中有 35.2% 的人未婚，64.8% 的人已婚。其中，非农业户籍的 1980 年以前出生的老一代流动人口中有 2.5% 的人处于未婚状态，而农业户籍的 1980 年以前出生的老一代流动人口中这一比例仅为 0.8%，二者之间存在一定差距。

二、流动人口的受教育程度状况

（一）北京分代际和户籍流动人口受教育程度特征

表 2—3 是基于流动人口代际和户籍性质划分的受教育程度。通过对代际和户籍性质两个变量的对比，我们发现：一是新一代的流动人口受教育程度

① 本文特指 16 岁以上、1980 年之后出生的流动人口。

表 2—3　　2012 年北京市流动人口受教育程度情况　　单位：%

户口性质	代际分段	未上过学	小学	初中	高中	中专	大学专科	大学本科	研究生	合计
农业	学龄青少年儿童	45.8	35.0	15.5	3.5	0.3	—	—	—	100.0
	80后新生代流动人口	0.5	2.8	51.9	24.3	8.6	7.7	4.2	0.1	100.0
	80前老一代流动人口	3.4	19.9	58.5	13.4	2.1	2.0	0.7	—	100.0
	60岁以上流动人口	25.9	47.8	20.3	4.4	0.7	0.5	0.5	—	100.0
	合计	13.6	18.0	44.3	14.7	4.0	3.5	1.8	0.1	100.0
非农业	学龄青少年儿童	64.5	23.5	8.9	2.7	0.4	—	—	—	100.0
	80后新生代流动人口	0.2	0.3	10.7	12.2	9.5	27.5	33.9	5.8	100.0
	80前老一代流动人口	0.6	3.0	19.9	20.8	10.2	19.7	21.5	4.4	100.0
	60岁以上流动人口	6.0	27.3	15.3	17.5	10.4	9.8	13.7	—	100.0
	合计	14.5	7.0	13.9	13.5	7.8	18.1	21.3	3.8	100.0
合计	学龄青少年儿童	49.9	32.4	14.0	3.3	0.3	—	—	—	100.0
	80后新生代流动人口	0.4	2.2	41.2	21.1	8.8	12.8	11.9	1.6	100.0
	80前老一代流动人口	2.6	15.4	48.3	15.3	4.3	6.7	6.2	1.2	100.0
	60岁以上流动人口	19.9	41.7	18.8	8.3	3.6	3.3	4.4	—	100.0
	合计	13.9	15.2	36.6	14.4	5.0	7.2	6.7	1.0	100.0

资料来源：根据 2012 年北京市流动人口监测数据计算。

要好于上一代的流动人口，换言之，流动人口的受教育程度在不断提升；二是即便伴随着代际更替的发生，非农业户籍的流动人口受教育程度始终高于农业户籍流动人口的受教育程度。具体分析如下：

首先，从整体上分析北京市流动人口受教育程度状况，未上过学的比例为 2.0%，受教育程度为小学的占 9.6%，受教育程度为初中的占 44%，受教育程度为高中的占 18%，受教育程度为中专的占 6.5%，受教育程度为大学专科的占 9.6%，受教育程度为大学本科的占 9.0%，受教育程度为研究生的占 1.4%。与 2010 年第六次全国人口普查数据相比（见表 2—4），未上过学、受教育程度为小学和研究生的比例略有增加，受教育程度为初中、高中、大学专科、大学本科的人数略有下降，但整体趋势仍然较为相近。

其次，从代际更替的角度来看，对比 80 后新生代流动人口、80 前老一代流动人口和 60 岁以上流动人口三个群体，我们发现，随着流动人口代际的不断更新变化，其受教育程度也在不断提升。60 岁以上流动人口这一群体中，受教育程度为未上过学的比例为 19.9%，小学的比例为 41.7%，初中的比例为 18.8%，高中的比例为 8.3%。因此，60 岁以上的流动人口主要是由“未上过学”“小学”和“初中”三部分人组成；在 80 前老一代流动人口中，受教育程度为未上过学的比例为 2.6%，小学的比例为 15.4%，初中的比例为 48.3%，高中的比例为 15.3%。和 60 岁以上流动群体对比后发现，80 前老一代流动人口的受教育程度有明显上升：“未上过学”和“小学”的比重大幅度减少，“初中”教育程度构成 80 前老一代流动人口的最主要的部分，这一比例接近 50%。而 80 后新生代流动人口中，未上过学的比例从 80 前老一代流动人口的 2.6% 降低到了 0.4%，受教育程度为小学的比例由 15.4% 降低到 2.2%，受教育程度为初中的比例略有降低的同时，受教育程度为高中及以上的比例显著增加，尤其是大学专科和大学本科的比例，分别从 60 岁以上流动群体的 3.3% 和 4.4%，增加到 80 前老一代流动人口的 6.7% 和 6.2%，最后增加到 80 后新生代流动人口的 12.8% 和 11.9%。综上所述，从代际更替角度看，受教育程度低的流动人口比重不断减少，拥有更高的受教育程度的流动人口比重不断增加。这一特点对于农业户籍的流动人口和非农业户籍的流动人口受教育程度的变化同样适用。

表 2—4　　各省区市跨省流动人口受教育程度情况　　单位：%

省份	未上过学	小学	初中	高中	大学专科	大学本科	研究生
北京	4.39	4.46	7.16	9.61	14.96	19.40	24.41
天津	2.40	3.35	3.63	3.91	3.61	2.35	2.00
河北	1.78	1.73	1.48	1.46	2.40	2.49	1.57
山西	1.18	1.19	1.12	0.91	0.86	1.13	0.84
内蒙古	3.60	2.09	1.65	1.43	1.47	1.16	0.82
辽宁	1.85	2.34	2.06	1.56	1.97	3.24	2.78
吉林	0.57	0.49	0.43	0.42	0.57	2.01	1.06
黑龙江	0.89	0.63	0.49	0.44	0.75	1.75	1.01
上海	12.56	9.07	10.37	10.08	11.39	13.46	19.94
江苏	8.45	9.28	8.82	8.93	6.88	5.32	6.82
浙江	19.09	20.76	14.74	8.49	5.71	3.64	3.98
安徽	1.57	0.87	0.69	0.79	1.21	1.67	1.56
福建	4.53	6.77	5.48	3.61	2.36	1.90	1.87
江西	0.55	0.50	0.42	0.71	2.58	2.04	1.12
山东	3.33	2.25	2.05	3.03	3.97	3.49	2.12
河南	0.84	0.53	0.56	0.85	1.08	1.51	1.02
湖北	1.48	1.04	0.86	1.22	2.13	3.48	2.72
湖南	0.61	0.67	0.61	0.99	1.64	2.49	1.74
广东	11.13	18.14	28.43	30.71	19.96	10.51	8.16
广西	0.87	0.96	0.84	1.12	1.30	1.35	1.35
海南	0.71	0.67	0.54	0.74	1.27	1.19	0.56
重庆	1.32	1.15	0.71	1.23	2.29	3.05	2.22
四川	1.69	1.30	0.88	1.57	2.37	3.59	3.66
贵州	1.47	1.21	0.80	0.79	0.79	0.73	0.76
云南	2.47	2.33	1.22	1.18	1.09	1.26	1.05
西藏	0.78	0.29	0.17	0.18	0.14	0.11	0.10
陕西	0.93	0.82	0.83	1.28	2.62	3.10	2.41
甘肃	0.81	0.52	0.40	0.54	0.60	1.07	1.15
青海	1.31	0.49	0.32	0.35	0.34	0.29	0.26
宁夏	1.01	0.58	0.39	0.33	0.37	0.41	0.20
新疆	5.85	3.54	1.84	1.53	1.32	0.78	0.74
合计	100.00	100.00	100.00	100.00	100.00	100.00	100.00

资料来源：根据第六次人口普查数据整理。

最后，从户籍性质不同的方面来看，非农业户籍的流动人口受教育程度始终高于农业户籍的流动人口。由表 2—3 可见，农业户籍的 60 岁以上流动人口受教育程度主要集中在未上过学（25.9%）、小学（47.8%）和初中（20.3%）三个程度上，而非农业户籍的 60 岁以上流动人口受教育程度则在小学（27.3%）、初中（15.3%）、高中（17.5%）、中专（10.4%）、大学专科（9.8%）、大学本科（13.7%）等几个程度上均有不同程度的分布，且未上过学和受教育程度为小学的人数有大幅减少。由此可知，在 60 岁以上流动人口这一代际之中，非农业户籍的流动人口受教育程度要高于农业户籍的流动人口。运用同样的方法对于 80 前老一代流动人口和 80 后新生代流动人口进行对比也可以发现同样的结果。因此，综上所述，我们认为从户籍性质来看，即便伴随着不同代际的更替，但是非农业户籍的流动人口受教育程度始终高于农业户籍的流动人口。

需要说明的是 16 岁以下的学龄青少年儿童[①]的受教育状况，其受教育程度主要为初中及以下，这与这一群体的界定标准有极大关系。本文中的学龄青少年儿童群体为 16 岁及以下的青少年儿童，因此，这一情况是合理的。

（二）北京流动人口的受教育程度与全国其他省市流动人口的对比

受教育程度是人力资本含量的标志，不同受教育程度的群体总是会向适合于他们的地区流动，这种流动可能是就业需求所致，亦有可能是受到文化品位的吸引。我们以受教育程度将跨省流动人口划分为人力资本含量不同的群体，利用 2010 年普查资料制成表 2—4，可以看到不同群体在全国各省区市（不含港澳台）的分布非常不平衡。具体分析可以看到如下特点：

① 指 16 岁以下的流动者。

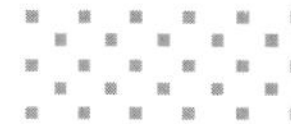

1. 未上过学的流动人口主要分布在长三角地区

未上过学的跨省流动人口有40%的人分布在长三角一带的上海、江苏和浙江，其中浙江省吸纳人数最多，占这一类型人口的19.09%，其次是上海市，吸纳了13%。而位居第一位的流动人口大省广东，共吸纳这一类型流动人口的11%，而北京市这一类型的人口仅占4.4%，远低于上海市。同为直辖市，为何上海与北京有这么大的差距？假如说北京作为首都和政治、文化中心与上海这个国际商贸大都市相比，对这一类型流动人口的吸引力是有差别的，但是为何广东这一流动人口大省，这一类型的流动人口数量还少于上海？这一问题很值得思考。我们是否可以从这两个地区的产业类型差别或这类人群在两个省市职业类型差别上分析导致这一现象的原因，抑或作为政治中心，在某些方面的安排排斥了这类流动人口长期居住在京。

2. 小学文化程度的流动人口分布

这个群体的流动人口仍属于低文化层次的群体，其中在浙江的比例居全国第一，为21%。这个群体在广东的人数占18%，上海和江苏分别占9%。这个群体的分布与未上过学的群体分布类似，长三角居多（39%），但珠三角的比例却比上个群体增加很多。

3. 具有初等和中等教育程度的流动人口大量聚居广东

广东省聚集着大量的初中、高中和大学专科毕业的流动人口。特别是初中和高中的比例分别占到各类的28%和31%，而上海这三类群体的比例也保持在10%以上。浙江省除了初中流动人口比例为14%外，高中和大学专科两个群体的比例都少于10%。显然，与浙江省相比，广东省对这三类人群有巨大的吸引力，这与这两个地区的产业结构类型有关。广东省聚集着大量制造业企业，玩具、家具、服装鞋帽、电子类产品的加工生产企业比比皆是。在这些企业中聚集着大量的有一定文化知识和技能的年轻工人，显然，企业在招聘时对员工的文化程度有一定要求，因此产生这样的聚集结果。

4. 北京聚集大量的具有高等教育资格证书的流动群体

从北京的跨省流动人口分布可以看出，各类流动人口在京的比重随受教育程度的增加而增加，低文化程度的流动人口（未上过学、小学和初中）比重都很低，这与上海、浙江和广东三省市都非常不同。但是，从高中文化程度开始，北京流动人口中，高中、大学专科、大学本科和研究生的比重在全国各省区市同类人群中迅速增加，大学本科学历的流动人口有 19% 聚集在北京，研究生及以上学历的流动人口更是远远超过全国其他省市，全国近 1/5 拥有研究生资格证书的流动人口居住在北京。而上海拥有这两类资格证书（大学本科和研究生学历）的人数，尽管居全国第二位，但还是比北京低 5 个百分点左右。北京作为政治、文化中心的功能对高学历流动人才的吸引远高于中国其他城市。

进一步对比五个流动人口密集的省市跨省流动人口的受教育特征[①]，由表 2—5 可以看到这样的两个特点：①在五个流动人口密集的省市（广东、浙江、上海、江苏和北京），流动人口的受教育程度的分布十分相似，初中文化程度的比重最高，但是除北京外，其他省市中初中教育程度的流动人口比重都超过 50%。按流动人口数量递减排序，从广东到北京，这一比重在各个省市中逐渐减少。②五省市中，只有北京的流动人口中拥有大学专科和大学本科学历的跨省流动人口数量超过 10%，而其他省市中，这两个比例都较低。上海虽略高一些，但与北京相差 5 个左右的百分点。很明显，北京作为教育文化中心和国际大都市，吸引着成千上万的全国各地各种类型的大专院校毕业生来北京谋求发展（如“北漂族”和唐家岭一带的“蚁族”群体）；同时，北京市近两年（2009 年和 2010 年）每年高达 21.9 万的高校毕业生也大多选择了在京就业。我认为这是北京这两类人口偏多的主要原因。

① 在 2012 年流动人口监测数据中，流动人口均是跨省流动。

表 2—5　　跨省市流动人口受教育程度分布　　单位：%

地区	未上过学	小学	初中	高中	大学专科	大学本科	研究生	合计
全国	1.50	17.32	52.84	16.76	6.07	5.04	0.47	100.00
北京	0.80	9.38	45.92	19.55	11.02	11.87	1.46	100.00
上海	1.82	15.11	52.75	16.27	6.65	6.53	0.87	100.00
江苏	1.48	18.67	54.14	17.39	4.85	3.12	0.35	100.00
浙江	2.10	26.35	57.10	10.43	2.54	1.35	0.13	100.00
广东	0.66	12.44	59.48	20.39	4.80	2.10	0.14	100.00

资料来源：根据第六次人口普查数据整理。

三、北京流动人口的来源地和滞留时间分析

在对比北京市流动人口的流动范围时我们发现，不论是什么户籍、什么代际，北京市流动人口的流动范围全部属于跨省流动，不存在省内跨市和市内跨县两种现象。我们认为这种情况出现的主要原因与北京市的行政区划有关。在我国，除了海南省和四个直辖市之外，其他省份均为四级行政区划，即省、地级市、县（县级市）和乡镇四级行政区划。而北京作为我国的首都和四个直辖市之一，其行政区划仅有市、区、乡镇街道三个层级，在其内部并不存在地级市和县这两个层级的行政区划。因此，北京市流动人口的流动范围中也就不会出现省内跨市和市内跨县两种方式。

（一）就近流动成为一种趋势

表 2—6 显示了北京市流动人口来源地现状，通过分析数据我们发现，北京市流动人口来源地域分布十分不均衡：东部和中部地区来京务工的流动人口数量较多，西南、西北地区来京务工的流动人口数量较少，港澳台等地区流动人口并未出现在北京市流动人口的来源地省份。数据显示出，北京市的流动人口主要来源于华北、华东、华中三个地区，这三个地区的流动人口占据了北京市全部流动人口的七成以上。具体而言，在华北地区，河北省是北京市流动人口的输出大省，输出流动人口达到北京市全部流动人口的 21.1%，整个华北地区输入北京的流入人口总共接近 30%。山东省是北京市流动人口在华东地区的主要流出地，其流动人口数量占据北京市全部流动人口的

11.7%，同属华东地区的安徽省也为北京输出了 8.3% 的流动人口，来自于华东地区的流动人口总量超过了北京市全部流动人口的 25%。华中地区向北京的流动人口数量达到了北京市全部流动人口数量的 20%，在这一地区，河南向北京输出的流动人口数量最大，达到北京市全部流动人口数量的 15.3%，输出数量仅次于河北省。位于东北的黑龙江、吉林、辽宁三个省份向北京输出 8.7% 的流动人口。华南的三个省份向北京输送流动人口数量较少，三个省份相加共向北京输送了 1% 的流动人口。位于西南地区的几个省份和自治区，只有“天府之国”四川在北京市流动人口输出地中占有一席之地，来自于四川的流动人口占据了北京市全部流动人口的 4.8%，其余几个省份向北京输送的流动人口数量较少。西北的三个省份和两个自治区向北京输送流动人口数量也较少，陕西和甘肃分别向北京输送了 1.9% 和 1.7% 的流动人口。

表 2—6　　北京市流动人口来源地状况　　单位：%

代际划分		合计				
		学龄青少年儿童	80后新生代流动人口	80前老一代流动人口	60岁以上流动人口	合计
来源省份	北京	0.1	0	0.1	0.3	0.1
	天津	1.0	0.9	0.8	0.2	0.9
	河北	20.5	22.7	19.7	22.3	21.1
	山西	3.6	4.6	3.9	3.3	4.1
	内蒙古	2.3	2.6	2.6	3.8	2.5
	辽宁	1.9	2.5	3.0	4.1	2.6
	吉林	1.5	2.0	2.2	2.9	1.9
	黑龙江	3.4	4.3	4.5	8.8	4.2
	上海	0.2	0.1	0.3	0.5	0.2
	江苏	2.2	2.6	2.8	2.0	2.5
	浙江	2.7	1.8	2.7	0.8	2.3
	安徽	8.7	7.5	8.9	7.0	8.3
	福建	2.3	1.7	1.8	1.1	1.9
	江西	2.4	1.8	2.4	4.3	2.2

续表

代际划分		合计				
		学龄青少年儿童	80后新生代流动人口	80前老一代流动人口	60岁以上流动人口	合计
来源省份	山东	12.4	12.3	10.9	8.0	11.7
	河南	17.7	14.0	15.2	13.1	15.3
	湖北	4.7	4.9	4.3	3.9	4.6
	湖南	1.1	1.4	1.7	3.3	1.5
	广东	0.8	0.7	0.6	0.2	0.7
	广西	0.5	0.3	0.4	0	0.4
	海南	0.1	0.2	0.2	0	0.2
	重庆	1.3	0.9	1.5	4.4	1.3
	四川	4.2	4.5	5.5	2.3	4.8
	贵州	0.4	0.4	0.4	0	0.4
	云南	0.1	0.3	0.2	0	0.2
	西藏	0	0	0	0	0
	陕西	1.8	2.1	1.8	2.6	1.9
	甘肃	1.6	2.2	1.4	0.5	1.7
	青海	0	0	0	0	0
	宁夏	0.2	0.2	0.1	0.3	0.2
	新疆	0.3	0.2	0.3	0	0.3
	台湾	0	0	0	0	0
	香港	0.1	0	0	0	0
	澳门	0	0	0	0	0
合计		100.0	100.0	100.0	100.0	100.0

资料来源：根据2012年北京市流动人口监测数据计算。

向北京输送流动人口前十位的省份分别是河北（21.1%）、河南（15.3%）、山东（11.7%）、安徽（8.3%）、四川（4.8%）、湖北（4.6%）、黑龙江（4.2%）、辽宁（2.6%）、内蒙古（2.5%）、江苏（2.5%）。这与2010年第六次全国人口普查获得的结论基本一致。从这里我们发现北京市流动人口主要以附近的几个经济不发达省份为主，距离较远或者经济较为发达的省份很少有流动人口涌入北京。

在农业户籍的北京市流动人口中（见表2—7），向北京市输送人口最多的十个省份分别是河北（21.9%）、河南（18.1%）、山东（13.1%）、安徽（9.4%）、四川（5.3%）、湖北（4.7%）、山西（3.9%）、浙江（2.6%）、江苏（2.3%）、黑龙江（2.2%）；在非农业户籍的北京市流动人口中（见表2—8），向北京市输送流动人口最多的十个省份分别是河北（19.4%）、黑龙江（10.1%）、山东（7.7%）、河南（7.1%）、辽宁（6.1%）、安徽（4.8%）、山西（4.6%）、内蒙古（4.6%）、湖北（4.5%）、吉林（4.4%）。对此进行对比之后我们发现，山东、四川、河南、安徽等地有较多的农业户籍流动人口来到北京，而在非农业户籍的流动人口中所占比例有所下降；而同属东三省的黑龙江、吉林、辽宁等地在北京市的流动人口更多地为非农业户籍的流动人口。可以说，农业户籍的流动人口更多是来自经济文化不发达的省份，而非农业户籍的流动人口则有一部分人来自于类似东三省这样有一定工业基础的省份。

表2—7　　北京市农业户籍流动人口来源地状况　　单位：%

户口性质		农业				
代际划分		学龄青少年儿童	80后新生代流动人口	80前老一代流动人口	60岁以上流动人口	合计
来源省份	北京	0	0	0	0	0
	天津	0.5	0.3	0.4	0	0.4
	河北	20.9	22.8	20.8	24.2	21.6
	山西	3.2	4.3	4.0	3.5	3.9
	内蒙古	1.5	1.9	1.9	3.5	1.8
	辽宁	0.8	1.5	1.5	1.9	1.3
	吉林	0.8	1.3	1.1	1.4	1.1
	黑龙江	1.8	2.6	2.0	3.7	2.2
	上海	0	0	0	0	0
	江苏	1.7	2.3	2.7	0.7	2.3

续表

户口性质		农业				
代际划分		学龄青少年儿童	80后新生代流动人口	80前老一代流动人口	60岁以上流动人口	合计
来源省份	浙江	2.9	2.1	3.0	0.5	2.6
	安徽	9.7	8.4	10.3	9.3	9.4
	福建	2.4	1.8	1.8	0	1.9
	江西	2.2	1.9	2.0	3.7	2.0
	山东	13.8	13.9	12.0	10.5	13.1
	河南	20.8	16.6	17.7	17.5	18.1
	湖北	4.9	4.7	4.5	4.2	4.7
	湖南	1.1	1.2	1.3	1.9	1.2
	广东	0.4	0.3	0.3	0.2	0.3
	广西	0.4	0.3	0.3	0	0.3
	海南	0.1	0.1	0.2	0	0.1
	重庆	1.5	0.8	1.9	6.3	1.5
	四川	4.3	4.9	6.5	2.8	5.3
	贵州	0.4	0.5	0.2	0	0.4
	云南	0.1	0.3	0.2	0	0.2
	西藏	0	0	0	0	0
	陕西	1.6	2.4	1.7	3.3	1.9
	甘肃	1.8	2.5	1.5	0.5	1.9
	青海	0	0	0	0	0
	宁夏	0.2	0.2	0.1	0.5	0.2
	新疆	0	0	0	0	0
	台湾	0	0	0	0	0
	香港	0	0	0	0	0
	澳门	0	0	0	0	0
合计		100.0	100.0	100.0	100.0	100.0

资料来源：根据2012年北京市流动人口监测数据计算。

表 2—8　　北京市非农业户籍流动人口来源地状况　　单位：%

户口性质		非农业				
代际划分		学龄青少年儿童	80后新生代流动人口	80前老一代流动人口	60岁以上流动人口	合计
来源省份	北京	0.4	0.2	0.5	1.1	0.4
	天津	2.8	2.6	2.0	0.5	2.4
	河北	19.0	22.6	16.6	17.6	19.4
	山西	4.9	5.6	3.5	2.7	4.6
	内蒙古	5.1	4.5	4.5	4.4	4.6
	辽宁	5.6	5.5	7.0	9.3	6.1
	吉林	4.1	3.7	5.3	6.6	4.4
	黑龙江	8.7	8.9	11.3	20.9	10.1
	上海	0.7	0.5	0.9	1.6	0.7
	江苏	3.6	3.3	2.9	4.9	3.3
	浙江	2.1	1.1	2.0	1.6	1.7
	安徽	5.0	4.8	4.9	1.6	4.8
	福建	1.9	1.2	1.9	3.8	1.7
	江西	3.2	1.7	3.4	5.5	2.8
	山东	7.6	8.0	7.8	2.2	7.7
	河南	6.7	6.5	8.2	2.7	7.1
	湖北	3.9	5.7	3.7	3.3	4.5
	湖南	1.4	2.1	2.9	6.6	2.3
	广东	2.0	1.8	1.4	0	1.7
	广西	0.8	0.4	0.7	0	0.6
	海南	0.5	0.3	0.1	0	0.3
	重庆	0.8	1.1	0.6	0	0.8
	四川	3.7	3.5	2.8	1.1	3.2
	贵州	0.4	0.2	0.8	0	0.4
	云南	0	0.3	0.1	0	0.1

续表

户口性质		非农业				
代际划分		学龄青少年儿童	80后新生代流动人口	80前老一代流动人口	60岁以上流动人口	合计
来源省份	西藏	0	0	0	0	0
	陕西	2.4	1.5	2.0	1.1	1.9
	甘肃	0.9	1.5	1.0	0.5	1.2
	青海	0	0.1	0.1	0	0.1
	宁夏	0.1	0.1	0.1	0	0.1
	新疆	1.3	0.6	1.2	0	1.0
	台湾	0	0	0	0	0
	香港	0.5	0	0	0	0.1
	澳门	0	0	0	0	0
合计		100.0	100.0	100.0	100.0	100.0

资料来源：根据2012年北京市流动人口监测数据计算。

在代际层次对比中我们发现，北京市60岁以上流动人口表现出与众不同的特点。这一群体中有超过20%的人来自于黑龙江，而来自吉林、辽宁、上海、福建、江西、湖南的人也比其他代际人群多出一定比例，而来自于山西、安徽、山东、河南的人则比其他代际所占比例要小一些。

（二）滞留时间分布

表2—9显示了北京市流动人口流入时间分布状况。从中我们发现，北京市流动人口中以流入时间为5～9年的占比最高，为25.9%；其次是流入时间为3～4年的，占比为18.7%；排在第三的是流入时间为10～14年的，占比为14.6%；排在第四的是流入时间为1～2年的，占比为14.3%；最后是流入时间不足1年和15年及以上的，占比分别为8.3%和6.9%。北京市流动人口滞留的平均时间为5.7年，中值为4年，极大值为46年，极小值为0年，四分位点分别为2年和9年。由此推定北京市流动人口滞留时间较长。

表 2—9　　北京市流动人口滞留时间分布　　单位：%

户口性质	代际划分	流入时间分段							合计
		不足1年	1年	2年	3～4年	5～9年	10～14年	15年及以上	
农业	学龄青少年儿童	10.3	19.7	13.8	20.2	25.3	9.6	1.1	100.0
	80后新生代流动人口	12.1	18.8	12.6	21.5	22.6	9.7	2.8	100.0
	80前老一代流动人口	6.1	9.8	9.7	16.1	24.2	19.1	15.0	100.0
	60岁以上流动人口	3.9	12.6	7.1	21.3	22.0	21.3	11.8	100.0
	合计	9.3	15.5	11.7	19.1	23.8	13.4	7.3	100.0
非农业	学龄青少年儿童	11.7	20.3	12.1	20.8	24.8	9.6	0.7	100.0
	80后新生代流动人口	5.4	11.9	14.1	20.2	33.5	12.9	2.1	100.0
	80前老一代流动人口	2.9	6.0	6.5	13.3	31.6	26.9	12.7	100.0
	60岁以上流动人口	5.8	0	10.2	8.0	55.5	19.0	1.5	100.0
	合计	5.8	11.2	10.7	17.5	31.4	17.6	5.8	100.0
合计	学龄青少年儿童	10.7	19.9	13.3	20.4	25.1	9.6	1.0	100.0
	80后新生代流动人口	10.2	17.0	13.0	21.1	25.5	10.6	2.6	100.0
	80前老一代流动人口	5.2	8.8	8.9	15.4	26.2	21.2	14.4	100.0
	60岁以上流动人口	4.9	6.1	8.7	14.4	39.4	20.1	6.4	100.0
	合计	8.3	14.3	11.4	18.7	25.9	14.6	6.9	100.0

资料来源：根据 2012 年北京市流动人口监测数据计算。

由表 2—9 可看到，农业户籍的流动人口中，平均滞留时间为 5.6 年，约一半的人滞留时间为 4 年（中位值），滞留时间占比最多是 1 年。滞留时间四分位数分别为 2 年和 8 年。其中，来京时间不足 1 年的有 9.3%，来京时间为 1 年不到 2 年的为 15.5%，来京时间为 2 年不到 3 年的为 11.7%，来京时间为 3 ～ 4 年的为 19.1%，来京时间为 5 ～ 9 年的为 23.8%，来京时间为 10 ～ 14 年的为 21.3%，来京时间为 15 年及以上的为 11.8%。非农业户籍的流动人口中，平均滞留时间为 6.2 年，一半的人滞留时间为 5 年（中位值），流入时间众数为 1 年，流入时间四分位数分别为 2 年和 9 年。其中，来京时间不足 1 年的为 5.8%，来京时间为 1 年的为 11.2%，来京时间为 2 年的为 10.7%，来京时间为 3 ～ 4 年的为 17.5%，来京时间为 5 ～ 9 年的为 31.4%，来京时间为 10 ～ 14 年的为 17.6%，来京时间为 15 年及以上的为 5.8%。

由此发现，非农业户籍的流动人口在滞留时间更长的分段中占据更大的比例，滞留时间较短的分段中所占比例较小。总的来说，非农业户籍流动人口的平均滞留时间要长于农业户籍的流动人口。我们认为非农业户籍的流动人口要比农业户籍的流动人口流入时间更为长久。

在代际层面的分析中，我们发现了一定的分化。学龄青少年儿童群体和 80 后新生代流动人口流入时间较短，其有一定比例的人流入时间在不足 1 年、1 年、2 年和 3 ～ 4 年这四个时间段中，流入时间为 15 年及以上的比例较低。我们认为这与年龄有密切的关系。由于这两个群体中的成员年龄较小，即便是很早就进入北京也很难在北京长期停留。而 80 前老一代流动人口和 60 岁以上流动人口停留时间在 10 ～ 14 年和 15 年及以上中所占比例较高，除了与其年龄有着一定的关系外，能够持续多年在北京停留的流动人口，一般是在京能够找到比较稳定的工作。

四、北京市流动人口配偶及子女基本情况

除了流动人口本人的生活及工作状况外，流动人口监测数据还收集了流动人口配偶的相关信息。数据显示，生活在北京的流动人口配偶占 91.8%，生活在户籍所在地的配偶比例为 7.6%，生活在除户籍所在地和北京之外的其他地方的流动人口配偶比例为 0.6%。下面主要分析北京流动人口配偶的基本情况。

（一）生活在北京本地的配偶基本情况

1．年龄状况

从总体情况来看，生活在北京本地流动人口的配偶平均年龄为 35.01 岁，年龄中值 34 岁，年龄众数 30 岁，年龄四分位数分别为 29 岁和 40 岁。具体来看，此群体年龄主要集中在 20 ～ 49 岁之间，其中 30 ～ 34 岁、35 ～ 39 岁、25 ～ 29 岁三个年龄段人数最多，分别占 26.0%、26.4% 和 18.3%。15 ～ 19

岁和60岁以上人群所占比例均较小，分别占0.2%和0.4%。流动人口的在京配偶多为青壮年，很多人应该是随他们的丈夫或妻子来京一起生活和工作的人（见表2—10）。

表2—10 在京流动人口配偶年龄分布 单位：%

年龄	15～19岁	20～24岁	25～29岁	30～34岁	35～39岁	40～44岁	45～49岁	50～54岁	55～59岁	60岁及以上	合计
百分比	0.2	7.3	18.3	26.0	20.4	15.2	9.0	2.2	1.0	0.4	100.0

资料来源：根据2012年北京市流动人口监测数据计算。

生活在北京本地且户籍性质为农业户籍的流动人口配偶中，年龄均值为35.01岁，年龄中值35岁，年龄众数30岁，年龄四分位数分别为29岁和40岁。此类人群年龄也主要集中于20～49岁之间，其中30～34岁、35～39岁和25～29岁三个年龄段配偶人数最多，分别占21.9%、19.4%和18.2%。15～19岁和60岁以上人群所占比例较小，分别为0.3%和0.2%（见表2—11）。

表2—11 农业户籍流动人口配偶年龄分布 单位：%

年龄	15～19岁	20～24岁	25～29岁	30～34岁	35～39岁	40～44岁	45～49岁	50～54岁	55～59岁	60岁及以上	合计
百分比	0.3	9.5	18.2	21.9	19.4	17.3	10.2	2.3	0.8	0.2	100.0

资料来源：根据2012年北京市流动人口监测数据计算。

生活在北京本地且户籍性质为非农业户籍的流动人口配偶平均年龄为34.98岁，年龄中值33岁，年龄众数33岁，年龄四分位数分别为30岁和38岁。此类人群年龄也主要集中于20～44岁之间，其中30～34岁、35～39岁、25～29岁三个年龄段配偶人数最多，分别占36.4%、23.1%和18.6%。60岁及以上的流动人口配偶占0.9%（见表2—12）。

表2—12 非农业户籍流动人口配偶年龄分布 单位：%

年龄	15～19岁	20～24岁	25～29岁	30～34岁	35～39岁	40～44岁	45～49岁	50～54岁	55～59岁	60岁及以上	合计
百分比	0	1.8	18.6	36.4	23.1	10.0	5.8	1.9	1.7	0.9	100.0

资料来源：根据2012年北京市流动人口监测数据计算。

对比在京的农业户籍和非农业户籍的流动人口配偶来看，我们发现二者之间有较大差别。非农业户籍的流动人口配偶年龄分布更为集中，主要在20～44岁之间，其中30～34岁所占百分比更是达到了36.4%，远远高于农业户籍的21.9%。同时，非农业户籍的流动人口配偶中不存在15～19岁的配偶，且60岁及以上的配偶占0.9%，这使得这一群体的年龄分布更为陡峭和集中。因此，生活在本地且户籍性质为非农业户籍的流动人口配偶年龄分布要比生活在本地且户籍性质为非农业户籍的流动人口配偶更为集中。

2. 受教育程度

表2—13是生活在北京本地流动人口配偶的受教育程度情况统计表。生活在本地的流动人口配偶受教育程度以初中、高中为主，其中初中所占比例最大，为47.9%，高中比例为16.2%；大学专科和大学本科在整体中占10%左右的比例；受教育程度为小学或者未上过学的人数较少，分别占8.0%和1.1%。

表2—13　　生活在本地的北京市流动人口配偶受教育程度情况　　单位：%

户口性质	代际划分	受教育程度								合计
		未上过学	小学	初中	高中	中专	大学专科	大学本科	研究生	
农业	80后新生代流动人口	0.2	3.2	58.4	21.7	7.3	5.9	3.1	0.3	100.0
	80前老一代流动人口	2.3	16.3	62.9	12.6	2.4	2.3	1.1	0.1	100.0
	60岁以上流动人口	0	66.7	33.3	0	0	0	0	0	100.0
	合计	1.4	10.8	61.0	16.4	4.4	3.8	1.9	0.2	100.0
非农业	80后新生代流动人口	0.4	0.2	9.3	10.8	8.7	25.6	37.1	7.9	100.0
	80前老一代流动人口	0.4	1.0	18.6	19.5	7.9	21.3	26.0	5.5	100.0
	60岁以上流动人口	0	7.1	21.4	28.6	14.3	14.3	14.3	0	100.0
	合计	0.4	0.7	14.6	15.9	8.3	23.1	30.6	6.5	100.0

续表

户口性质	代际划分	受教育程度								合计
		未上过学	小学	初中	高中	中专	大学专科	大学本科	研究生	
合计	80后新生代流动人口	0.2	2.4	44.3	18.6	7.7	11.5	12.9	2.5	100.0
	80前老一代流动人口	1.7	12.0	50.6	14.6	3.9	7.6	8.0	1.6	100.0
	60岁以上流动人口	0	17.6	23.5	23.5	11.8	11.8	11.8	0	100.0
	合计	1.1	8.0	47.9	16.3	5.5	9.2	10.1	2.0	100.0

资料来源：根据 2012 年北京市流动人口监测数据计算。

通过分析我们发现，农业户籍的流动人口配偶和非农业户籍的流动人口配偶之间，在受教育程度方面已经产生了较大的分化。农业户籍的流动人口配偶中，受教育程度为初中的人数最多，所占比例为 61.0%，超过了全部的一半以上。而大学专科及以上学历的人却寥寥无几。但非农业户籍的流动人口配偶则与此迥然不同。非农业户籍的流动人口配偶的受教育程度以大学专科和大学本科为主，二者相加的比例超过 50%；同时，在此群体中受教育程度为初中的比例大幅下降，从农业户籍的流动人口配偶的 61.0% 下降到非农业户籍的流动人口配偶的 14.6%。因此，我们认为：首先，北京市流动人口配偶的受教育程度以初、高中为主，其中既有一部分受教育程度为大学专科、大学本科的较高素质人才，也有受教育程度仅为小学、初中和高中的人群；其次，北京市流动人口配偶内部在受教育程度方面已经出现了较为严重的分化，农业户籍的流动人口配偶受教育程度以初、高中为主，非农业户籍的流动人口配偶以大学专科和大学本科为主。

3. 户口性质

表 2—14 为生活在本地的北京市流动人口配偶户籍情况统计表。从表中我们发现，生活在本地的北京市流动人口配偶以农业户籍为主，占全部北京

市流动人口配偶的71.7%，非农业户籍占全部北京市流动人口配偶的28.3%。但是，这种情况在60岁以上流动人口群体发生逆转。在这一群体中，非农业户籍的流动人口配偶成为主力军，占据该群体76.5%的比例，农业户籍的流动人口比例反而变为23.5%。除了这一群体之外，已婚的80后新生代流动人口和80前老一代流动人口两个群体中，仍是农业户籍占绝大部分，非农业户籍占较小比重。总的来看，居住在北京市的流动人口配偶，农业户籍占多数，非农业户籍所占比例较小。

表2—14　　生活在本地的北京市流动人口配偶户籍情况　　单位：%

代际划分	户口性质		合计
	农业	非农业	
80后新生代流动人口	71.3	28.7	100.0
80前老一代流动人口	72.2	27.8	100.0
60岁以上流动人口	23.5	76.5	100.0
合计	71.7	28.3	100.0

资料来源：根据2012年北京市流动人口监测数据计算。

4．就业情况

表2—15显示了生活在北京本地的流动人口配偶就业情况。由表我们发现，生活在本地的流动人口配偶中有86.3%的人就业，9.6%的人在家操持家务，务农、失业、无业、在学、退休等比例均较少。

表2—15　　生活在本地的北京市流动人口配偶就业情况　　单位：%

户口性质	代际划分	就业状况							合计
		就业	务农	失业	无业	操持家务	在学	退休	
农业	80后新生代流动人口	83.7	0.4	0.8	3.5	11.6	0.1	0	100.0
	80前老一代流动人口	86.1	0.6	0.7	2.2	10.3	0	0	100.0
	60岁以上流动人口	100.0	0	0	0	0	0	0	100.0
	合计	85.1	0.5	0.8	2.7	10.8	0	0	100.0

续表

户口性质	代际划分	就业状况							合计
		就业	务农	失业	无业	操持家务	在学	退休	
非农业	80后新生代流动人口	89.7	0.4	1.1	2.6	6.3	0	0	100.0
	80前老一代流动人口	89.5	0.1	0.9	1.6	6.5	0.2	1.2	100.0
	60岁以上流动人口	38.5	0	0	0	0	0	61.5	100.0
	合计	89.2	0.2	1.0	2.0	6.4	0.1	1.1	100.0
合计	80后新生代流动人口	85.4	0.4	0.8	3.2	10.1	0.1	0	100.0
	80前老一代流动人口	87.1	0.5	0.8	2.0	9.3	0	0.3	100.0
	60岁以上流动人口	52.9	0	0	0	0	0	47.1	100.0
	合计	86.3	0.4	0.8	2.5	9.6	0.1	0.3	100.0

资料来源：根据 2012 年北京市流动人口监测数据计算。

从代际层次来看，60 岁以上流动人口只有两种状态：就业和退休，其比例分别为 52.9% 和 47.1%。不存在务农、失业、无业、在学等情况。80 前老一代流动人口和 80 后新一代流动人口就业状况较为类似，绝大部分人处于就业状态，一部分人在家操持家务，务农、失业、无业、在学、退休较少。其中，80 后新生代流动人口中处于就业状态的比例为 85.4%，在家操持家务的比例为 10.1%。80 前老一代流动人口中处于就业状态的为 87.1%，在家操持家务的比例为 9.3%。

从户籍分类来看，农业户籍和非农业户籍之间最大的差别在于操持家务的比例。在农业户籍中，配偶在家操持家务的比例为 10.8%，而在非农业户籍中这一比例仅为 6.4%。从表 2—15 中我们得知，非农业户籍中操持家务缺失的比例归入了就业这一状况之中，因此，非农业户籍配偶就业比例高于农业户籍配偶就业比例。除此之外，我们看到，农业户籍中 60 岁以上流动人口 100% 处于就业状态，而非农业户籍中 60 岁以上流动人口更多的是处于退休状态，二者在这里产生了较大分化。综上所述，我们认为北京市流动人口配偶就业状况以就业和操持家务为主，其他各项所占比例较小。非农业户籍

配偶和农业户籍的配偶在 60 岁以上流动人口群体中产生了较大分化，农业户籍的配偶基本全处于就业状态，而非农业户籍的配偶则更多是处于退休状态。至少可以说明的一点是，60 岁以上非农业户籍的流动人口保障状况远远好于农业户籍的流动人口，这些老年的农业户籍流动人口无可靠的养老来源，因此仍在异地打工维持家庭生计。

（二）生活在户籍所在地的配偶基本情况

1．年龄状况

总体上来看，生活在户籍所在地的北京市流动人口配偶的平均年龄为 37.67 岁，年龄中值 38 岁，年龄众数 39 岁，年龄四分位数分别为 31 岁和 44 岁。与在京的流动人口配偶相比较，生活在户籍所在地的配偶年龄偏大。具体来看，生活在户籍所在地的配偶集中在年龄较大的年龄段：35 ~ 39 岁、40 ~ 44 岁配偶人数最多，分别占 20.5% 和 20.0%。30 ~ 34 岁和 45 ~ 49 岁人口所占比例相当，均为 14.7%。55 ~ 59 岁和 60 岁以上人群所占比例较小，分别为 3.0% 和 0.1%。和前文提及的在京的流动人口配偶年龄结构比较，生活在户籍所在地的流动人口配偶更为年长，而且大都集中在更大年龄段之内（见表 2—16）。

表 2—16　　生活在户籍所在地的流动人口配偶年龄结构　　单位：%

年龄	20 ~ 24岁	25 ~ 29岁	30 ~ 34岁	35 ~ 39岁	40 ~ 44岁	45 ~ 49岁	50 ~ 54岁	55 ~ 59岁	60岁及以上	合计
百分比	7.0	15.0	14.7	20.5	20.0	14.7	4.9	3.0	0.1	100.0

资料来源：根据 2012 年北京市流动人口监测数据计算。

居住在户籍所在地的农业户籍的配偶平均年龄为 37.07 岁，年龄中值 37 岁，年龄众数 36 岁，年龄四分位数分别为 30 岁和 44 岁。此类人群年龄也主要集中在 25 ~ 49 岁之间，其中 35 ~ 39 岁、40 ~ 44 岁、25 ~ 29 岁三个年龄段配偶人数最多，分别占 20.9%、20.8% 和 15.9%。55 ~ 59 岁和 60 岁以上人群所占比例均较小，分别为 1.7% 和 0.2%（见表 2—17）。

表 2—17　　生活在户籍所在地的农业户籍流动人口配偶年龄结构　　单位：%

年龄	20～24岁	25～29岁	30～34岁	35～39岁	40～44岁	45～49岁	50～54岁	55～59岁	60岁及以上	合计
百分比	8.9	15.9	13.0	20.9	20.8	13.7	4.9	1.7	0.2	100.0

资料来源：根据 2012 年北京市流动人口监测数据计算。

非农业户籍的流动人口配偶中年龄均值为 39.90 岁，年龄中值 39 岁，年龄众数 37 岁，年龄四分位数分别为 33 岁和 47.76 岁。此类人群年龄也主要集中于 30 ～ 49 岁之间，其中 30 ～ 34 岁、35 ～ 39 岁、45 ～ 49 岁三个年龄段配偶人数最多，分别占 21.4%、19.1% 和 18.1%。无 60 岁及以上人群（见表 2—18）。

表 2—18　　生活在户籍所在地的非农业户籍流动人口配偶年龄结构　　单位：%

年龄	25～29岁	30～34岁	35～39岁	40～44岁	45～49岁	50～54岁	55～59岁	合计
百分比	11.6	21.4	19.1	17.1	18.1	5.1	7.7	100.0

资料来源：根据 2012 年北京市流动人口监测数据计算。

对比农业户籍和非农业户籍流动人口配偶来看，我们发现二者之间的分化。生活在户籍所在地的非农业户籍流动人口配偶年龄分布更为集中，虽然二者在各个年龄段中比例比较相似，但是与生活在户籍所在地的农业户籍流动人口配偶相比，非农业户籍者在 20 ～ 24 岁和 60 岁以上不存在夫妻拆分的状况。而且非农业户籍者的平均年龄及年龄四分位数间距更为集中，因此，我们认为生活在户籍所在地且户籍性质为非农业的北京市流动人口配偶年龄构成，分布更为集中。

2．受教育程度

表 2—19 为生活在户籍所在地的北京市流动人口配偶受教育程度的状况。生活在户籍所在地的流动人口配偶以初中、高中学历为主，其中初中所占比例最大，为 53.1%，高中比例为 20.0%；受教育程度为小学的在整体中占据 13%；未上过学、受教育程度为大学本科及研究生的人数较少，分别占 2.2% 和 2.6% 和 1.2%。

表 2—19　生活在户籍所在地的北京市流动人口配偶受教育程度情况　单位：%

户口性质	代际划分	受教育程度								合计
		未上过学	小学	初中	高中	中专	大学专科	大学本科	研究生	
农业	80后新生代流动人口	0	1.4	64.3	28.0	1.4	3.5	1.4	0	100.0
	80前老一代流动人口	3.2	22.0	60.8	13.1	0.6	0.3	0	0	100.0
	60岁以上流动人口	0	0	100.0	0	0	0	0	0	100.0
	合计	2.2	15.5	62.0	17.7	0.9	1.3	0.4	0	100.0
非农业	80后新生代流动人口	0	0	21.4	17.9	7.1	32.1	21.4	0	100.0
	80前老一代流动人口	3.1	5.1	20.4	31.6	7.1	18.4	7.1	7.1	100.0
	合计	2.4	4.0	20.6	28.6	7.1	21.4	10.3	5.6	100.0
合计	80后新生代流动人口	0	1.2	57.3	26.3	2.3	8.2	4.7	0	100.0
	80前老一代流动人口	3.2	18.0	51.2	17.5	2.2	4.6	1.7	1.7	100.0
	60岁以上流动人口	0	0	100.0	0	0	0	0	0	100.0
	合计	2.2	13.0	53.1	20.0	2.2	5.7	2.6	1.2	100.0

资料来源：根据 2012 年北京市流动人口监测数据计算。

通过分析发现，农业户籍的流动人口配偶和非农业户籍的流动人口配偶受教育程度上差距较大。农业户籍的流动人口配偶中，受教育程度为初中的人数最多，所占比例为 62.0%，超过了半数以上。而中专及以上学历的人却寥寥无几。但是，非农业户籍的流动人口配偶的受教育程度为高中及以上的，所占比例超过总体的 70%。同时，在此群体中受教育程度为初中的比例很小，相比于农业户籍流动人口配偶的 62.0%，非农业户籍的流动人口配偶这一比例仅为 20.6%。

3．户口性质

根据表 2—20，生活在户籍所在地的北京市流动人口配偶以农业户籍为主，占比为78.8%，非农业户籍的流动人口配偶占比为21.2%。80后新生代流动人口和80前老一代流动人口这两个群体，也是配偶的农业户籍比例高，非农业户籍占比低。更为严重的是，60岁以上这一群体中，生活在户籍所在地的配偶全部是农业户籍。非农业户籍在京流动者，没有夫妻拆分异地居住的情况。

表2—20　　生活在户籍所在地的流动人口配偶户籍状况　　单位：%

代际划分	户口性质		合计
	农业	非农业	
80后新生代流动人口	84.2	15.8	100.0
80前老一代流动人口	76.5	23.5	100.0
60岁以上流动人口	100.0	0	100.0
合计	78.8	21.2	100.0

资料来源：根据2012年北京市流动人口监测数据计算。

4. 就业情况

表2—21显示了生活在户籍所在地的北京市流动人口配偶的就业情况。从表中发现，生活在户籍所在地的北京市流动人口配偶中仅有32.4%的人处于就业状态，27.8%的人在家务农，6.3%的人无业，31.9%的人在家操持家务，这与在北京本地共同生活的配偶大多数就业的状况截然不同。

表2—21　　生活在户籍所在地的北京市流动人口配偶就业情况　　单位：%

户口性质	代际划分	就业状况							合计
		就业	务农	失业	无业	操持家务	在学	退休	
农业	80后新生代流动人口	27.8	18.1	0	5.6	48.6	0	0	100.0
	80前老一代流动人口	21.9	41.6	0.6	6.7	29.2	0	0	100.0
	60岁以上流动人口	0	0	0	0	100.0	0	0	100.0
	合计	23.7	34.1	0.4	6.3	35.4	0	0	100.0
非农业	80后新生代流动人口	57.7	7.7	0	7.7	26.9	0	0	100.0
	80前老一代流动人口	67.0	3.1	3.1	6.2	16.5	0	4.1	100.0
	合计	65.0	4.1	2.4	6.5	18.7	0	3.3	100.0

续表

户口性质	代际划分	就业状况							合计
		就业	务农	失业	无业	操持家务	在学	退休	
合计	80后新生代流动人口	32.4	16.5	0	5.9	45.3	0	0	100.0
	80前老一代流动人口	32.5	32.5	1.2	6.6	26.2	0	1.0	100.0
	60岁以上流动人口	0	0	0	0	100.0	0	0	100.0
	合计	32.4	27.8	0.9	6.3	31.9	0	0.7	100.0

资料来源：根据 2012 年北京市流动人口监测数据计算。

从代际层次来看，60 岁以上流动人口配偶全部是操持家务，不存在务农、失业、无业、在学等情况。80 前老一代流动人口和 80 后新一代流动人口配偶的就业状况有所区别，但总体上均以就业、务农和操持家务三种状态为主。其区别在于 80 前老一代流动人口中务农的人占 32.5%，操持家务的比例为 26.2%。而 80 后新一代流动人口中这一比例分别为 16.5% 和 45.3%。通过对比可以看出，生活在户籍所在地的 80 后新一代流动人口的配偶更多是在家操持家务。

从户籍层次来看，农业户籍和非农业户籍之间最大的差别在于就业、务农和操持家务的比例。在农业户籍中，配偶在户籍所在地就业的比例为 23.7%，务农的比例为 34.3%，操持家务的比例为 35.4%。而在非农业户籍中，配偶在户籍所在地就业的比例为 65.0%，务农的比例为 4.1%，操持家务的比例为 18.7%。此外，农业户籍中 60 岁以上流动人口 100% 处于操持家务状态。综上所述，生活在户籍所在地的北京市流动人口配偶，以就业、务农和操持家务三者所占比例最大。农业户籍和非农业户籍的就业状况存在较大差别。

（三）北京市流动人口子女所在地分析

北京市流动人口子女居住地状况见表 2—22。首先，北京市流动人口子女以居住在北京和户籍所在地者居多，其所占比例分别为 64.4% 和 32.0%，居住在其他地方的比例较小，仅为 3.6%。其次，未成年子女中有略多于 2/3

的人和父母共同居住在北京，其余不足1/3的人（占比为29.3%）居住在户籍所在地，居住在其他地方的人仅为0.5%。已成年的北京市流动人口子女中，居住在北京和户籍所在地的人数大致相当，分别占46.7%和40.1%，居住在其他地方的所占比例为13.2%。最后，从户籍性质来看，户籍性质为非农业户籍的流动人口子女居住在北京的比例较多，为全部的78.7%，居住在户籍所在地的比例较少，为16.9%；而农业户籍的流动人口子女中，这两项的比例分别为60.4%和36.2%。子女居住地分布表明，无论是农业户籍还是非农业户籍流动人口，他们带子女一起到北京居住生活的占多数。可能受家庭经济条件的限制，更多非农业户籍的流动人口有能力将子女和配偶带到北京一起生活。

表2—22　　北京市流动人口子女居住地分布　　单位：%

户口性质	成年状况	现居住地			合计
		北京	户籍所在地	其他	
农业	未成年	65.2	34.3	0.5	100.0
	已成年	45.9	41.9	12.1	100.0
	合计	60.4	36.2	3.4	100.0
非农业	未成年	87.1	12.1	0.7	100.0
	已成年	49.9	32.9	17.2	100.0
	合计	78.7	16.9	4.5	100.0
合计	未成年	70.2	29.3	0.5	100.0
	已成年	46.7	40.1	13.2	100.0
	合计	64.4	32.0	3.6	100.0

资料来源：根据2012年北京市流动人口监测数据计算。

五、小结

本章是对流动人口及家庭成员基本状况的分析，具体分析了北京流动人口数量、性别年龄结构、滞留时间和配偶及子女的状况，并按流动人口的户籍类别分析他们的受教育情况。我们发现，北京流动人口来源地广泛，年龄构成较轻。尽管农业户籍流动人口占大多数，但是北京流动人口受教育程度高于全国水平，特别是大学本科以上的比例较高。北京流动人口的另一特点是在京居留时间较长，64.4% 的流动人口带子女居住在北京，其中未成年子女居多数。

从就业状况看，80 后新生代流动人口中处于就业状态的比例为 85.4%，在家操持家务的比例为 10.1%。80 前老一代流动人口中处于就业状态的为 87.1%，在家操持家务的比例为 9.3%。他们的配偶中有 86.3% 的人就业，9.6% 的人在家操持家务，务农、失业、无业、在学、退休等比例均较少。

从户籍分类来看，农业户籍和非农业户籍之间最大的差别在于操持家务的比例。在农业户籍中，配偶在家操持家务的比例为 10.8%，而在非农业户籍中这一比例仅为 6.4%。除此之外，我们看到，农业户籍中 60 岁以上流动人口 100% 处于就业状态，而非农业户籍中 60 岁以上流动人口更多的是处于退休状态，二者在这里产生了较大分化。

第三章
北京流动人口的行业与职业特征分析

一、流动人口的行业选择及分布特点

行业一般是指其按生产同类产品或具有相同工艺过程或提供同类劳动服务划分的经济活动类别。行业分类的增加和行业结构的变化，标志着产业结构的改变和经济发展的趋势。从1982年到2005年，我国的行业种类越来越多，行业分类也一直在发生变化，我们很难用一个统一的标准来比较不同时期流动人口的行业变化情况。

行业结构标志着一国经济发展的布局，并受到政策导向和经济发展环境的影响。而对于劳动者来说，其所进入的行业除了与劳动者技术能力有关外，另一不容忽视的因素是市场对这类劳动力的需求和这一行业在当下的发展状况。

（一）全国流动人口行业分布特征

由第六次人口普查我国流动人口按行业分布数据可知，全国流动人口较为集中的行业是制造业，其次是批发零售行业，建筑业位居第三。三个行业分别吸纳了37%、19%和8%的流动人口，一共占流动人口的64%。除了这三个行业外，农林牧渔和住宿餐饮业还分别吸纳7%和6%的流动人口。

从产业结构来看，在第一产业工作的流动人口最少，而第二产业吸收的流动人口最多，第三产业介于第一产业和第二产业之间。

流动人口行业结构的特征与改革开放30年的中国经济发展政策密切相关。随着对外开放程度增加，我国的东南沿海地区聚集了从最初的“三来一

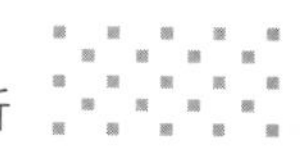

补”企业到目前各种类型的三资、独资和股份制等众多企业，中国已经成为最大的世界工厂。而这些企业的员工，大都是本省和从外省市来打工的流动人口，这是一个庞大的群体。另外，市场经济的迅速发展又催生和繁荣了各种批发零售和商贸服务等行业，这些行业迅速吸引并聚集了大量的流动人口。

除此之外，作为国民经济增长的三驾马车之一的房地产业的蓬勃发展，各种商用、民用建筑和城市道路规划等项目的实施，建筑业也聚集了大量的流动人口，而且，这个行业有相当数量的农民工，据有关调查，一线建筑工人中，90%以上是农民工。随着房地产业继续发展，建筑业还将吸纳一定数量的流动人口。

（二）五大流动人口集中省市的行业分布对比

对于流动人口数量居前五位的省市，有必要分析这些省市的流动人口的行业分布特征。因为各省市的地理位置、经济发展水平和经济发展模式各不相同，流动人口在这些省市的行业分布状况也会有很大差别，五省市流动人口的行业分布反映出各个省市社会经济发展特点。

从五省市流动人口的行业分布看（见表3—1），广东、浙江和江苏的流动人口，一半以上进入了制造行业，广东制造业的流动人口占所有行业流动人口的62%，在五省市中居第一位。而北京流动人口进入制造业的仅占16%，北京作为政治文化中心和国际大都市，行业发展格局与广东、浙江和江苏非常不同，北京的制造业企业非常少，但商贸、服务业、餐饮住宿和房地产开发等相关行业非常繁荣。因此，北京的批发零售业吸纳的流动人口数量位居第一，占所有流动人口的28%；制造业位居第二，占所有流动人口的16%；第三是建筑业，占10%。而住宿餐饮和两类服务业的流动人口所占比重一共为19%。这样一种行业分布反映出北京与其他四个省市的行业布局、经济发展方式的不同，另一个关键特征是北京流动人口的技术、职业、受教育程度等高于其他省市。

表 3—1　　五省市流动人口的行业分布对比　　单位：%

行业	北京	上海	江苏	浙江	广东
农、林、牧、渔业	1.4	2.3	3.2	2.1	2.4
采矿业	0.3	0	0.3	0.2	0.1
制造业	16.4	39.3	50.6	57.1	61.5
电力、热力、燃气及水生产和供应业	0.5	0.3	0.4	0.4	0.2
建筑业	10.1	9.0	9.5	7.4	3.7
交通运输、仓储和邮政业	3.7	6.3	4.1	3.4	2.7
信息传输、软件和信息技术服务业	4.4	1.6	1.0	0.7	0.7
批发和零售业	27.9	18.3	15.2	13.6	15.3
住宿和餐饮业	8.1	7.8	4.9	5.1	4.5
金融业	1.4	0.9	0.6	0.6	0.6
房地产业	3.8	2.2	0.8	0.8	1.1
租赁和商务服务业	5.3	2.7	1.0	0.9	0.9
科学研究和技术服务业	2.1	0.8	0.3	0.2	0.3
水利、环境和公共设施管理业	0.5	0.9	0.3	0.4	0.3
居民服务、修理和其他服务业	5.7	4.7	3.7	3.1	2.5
教育	3.1	1.2	1.5	1.4	1.1
卫生和社会工作	1.3	0.8	0.8	0.7	0.6
文化、体育和娱乐业	2.7	0.7	0.5	0.8	0.6
公共管理、社会保障和社会组织	1.3	0.3	1.0	1.0	0.7

资料来源：根据第六次人口普查数据整理。

从跨省流动人口分布数据来看（见表 3—2），广东的跨省流动人口，71% 的人进入了制造业，其次有 11% 的人进入了批发零售业，仅这两个行业就占了跨省流动人口的 82%，行业特征非常明显。尽管浙江和江苏的跨省流动人口也有一半以上进入制造业（这一比例分别为 66% 和 57%），但他们的行业分布并不是特别集中，江苏批发零售业的跨省流动人口占到 13.3%，浙江占到 10%。但这两个省建筑行业的跨省流动人口却各占 11% 和 10%，这一比例北京和上海也较高，建筑业吸纳了 11% 和 9% 的跨省流动人口。

表 3—2　　五省市跨省流动人口的行业分布对比　　单位：%

行业	北京	上海	江苏	浙江	广东
农、林、牧、渔业	1.4	2.4	2.1	1.2	1.4
采矿业	0.3	0	0.1	0.2	0.1
制造业	16.6	39.6	57.3	66.4	70.8
电力、热力、燃气及水生产和供应业	0.5	0.2	0.3	0.1	0.1
建筑业	10.6	9.3	10.6	7.9	3.7
交通运输、仓储和邮政业	3.4	6.0	3.5	3.1	2.2
信息传输、软件和信息技术服务业	4.3	1.6	1.0	0.3	0.5
批发和零售业	28.4	18.5	13.3	9.6	10.8
住宿和餐饮业	8.6	8.0	5.1	4.9	3.5
金融业	1.3	0.8	0.3	0.1	0.4
房地产业	3.8	2.1	0.7	0.6	1.1
租赁和商务服务业	5.2	2.5	0.7	0.6	0.7
科学研究和技术服务业	1.9	0.7	0.2	0.1	0.2
水利、环境和公共设施管理业	0.5	1.0	0.2	0.4	0.3
居民服务、修理和其他服务业	6.0	4.9	3.4	2.6	2.2
教育	2.7	1.0	0.5	0.4	0.6
卫生和社会工作	1.1	0.7	0.3	0.3	0.4
文化、体育和娱乐业	2.6	0.6	0.4	0.8	0.6
公共管理、社会保障和社会组织	0.9	0.2	0.3	0.3	0.3

资料来源：根据第六次人口普查数据整理。

总的来看，跨省流动人口行业分布最不集中的是北京，其次是上海；最集中的是广东，其次是浙江。可以说，在北京和上海，跨省流动者的谋生方式非常多，而在广东就相对集中于制造业和批发零售行业。

（三）2012 年北京流动人口监测数据的结果与分析

由表 3—3 可见，北京市流动人口从事批发零售比重仍是最大，这与第六次人口普查分析结果非常一致，只是比重下降 4 个百分点。2010 年以后，北京流动人口行业变化的显著特点是：第一，进入住宿餐饮行业人数从 2010 年的8.6%增至16.0%。与2010年相比，比重增加7.4个百分点，几乎翻一番。第二，变化显著的是社会服务业流动人口比重上升至16.3%，这一比重仅次于从事批发零售业的比重。这一显著变化与北京定位为国际化都市和大量增长的社会服务项目有密切关系。最明显的就是各类非政府组织数量大幅度增长。第三，2012年的监测数据表明，进入北京制造业和建筑业的流动人口比重有大幅度的下降。这一变化与北京城市发展布局密切有关，当各种制造业工厂逐步迁出北京之后，制造业能吸纳的流动人口比重还将进一步下降。

表3—3　　2012年北京市流动人口行业构成　　单位：%

行业	有效百分比
制造业	9.3
采掘业	0.1
农林牧渔业	0.4
建筑业	8.2
电煤水生产供应	0.3
批发零售	23.7
住宿餐饮	16.0
社会服务	16.3
金融保险房地产	2.7
交通运输仓储通信	3.3
卫生体育和社会福利	2.0
教育文化及广播电影电视	4.4
科研和技术服务	5.3
党政机关和社会团体	0.5
其他	7.2
合计	100.0

资料来源：根据2012年北京市流动人口监测数据计算。

把北京建设成国际城市是其发展的战略目标。作为中国的首都，北京起着联系中国和世界的纽带的作用。作为远东地区重要的国际城市，它对全国和远东地区的辐射力将主要依靠第三产业中的金融保险业、社会服务业和科

学研究等产业部门来实现。所以我们看到“科研和技术服务”以及“社会服务”行业的流动人口比重增幅较大。

（四）北京市流动人口代际间的行业分布比较

为了便于分析，我们将北京市流动人口划分为35岁以下和35岁及以上两类。从代际划分表中可以看出，北京市流动人口中有62.1%的人是35岁以下，流动人口年龄结构相对较轻。

从流动人口代际间的行业对比表可以看出（见表3—4），不论是35岁以下还是35岁及以上的流动人口，他们从事批发零售、住宿餐饮和社会服务业的占比都是位居前三的。其中35岁以下的流动人口中有21.5%的人从事批发零售业，35岁及以上流动人口有27.3%的人从事批发零售业；两类流动人口从事住宿餐饮业的比例分别占各自群体的17.3%和13.9%；从事社会服务业的百分比分别为8.1%和8.2%，相差不大。有所不同的是，从事批发零售业和社会服务的35岁及以上流动人口的比例较大，而从事住宿餐饮业的35岁以下的流动人口占比较大。

表3—4　　北京市不同代际流动人口的行业分布比较　　单位：%

行业	代际划分			合计
	35岁以下	35岁及以上	差额（前两项之差）	
制造业	9.8	8.5	−1.3	9.3
采掘业	0.1	0.3	0.2	0.1
农林牧渔业	0.4	0.5	0.1	0.4
建筑业	6.3	11.3	5.0	8.2
电煤水生产供应	0.3	0.4	0.1	0.4
批发零售	21.5	27.3	5.8	23.7
住宿餐饮	17.3	13.9	−3.4	16.0
社会服务	15.8	17.3	1.5	16.3
金融保险房地产	3.3	1.8	−1.5	2.7
交通运输仓储通信	3.8	2.5	−1.3	3.3
卫生体育和社会福利	2.1	1.8	−0.3	2.0

续表

行业	代际划分			合计
	35岁以下	35岁及以上	差额（前两项之差）	
教育文化及广播电影电视	5.4	2.9	−2.5	4.4
科研和技术服务	6.3	3.6	−2.7	5.3
党政机关和社会团体	0.4	0.7	0.3	0.5
其他	7.2	7.3	0.1	7.2
合计	100.0	100.0	0	100.0

资料来源：根据2012年北京市流动人口监测数据计算。

在建筑行业，35岁以下的流动人口从事建筑业的占6.3%，比35岁及以上的流动人口少5.0%。35岁以下的流动人口中，从事制造业的占9.8%，比35岁及以上的流动人口多1.3%。显然，年轻的流动人口都不愿意进入建筑行业，更愿意进入制造业。此外，还可以看出，从事科研和技术服务、教育文化及广播电影电视、交通运输仓储通信、金融保险房地产、卫生体育和社会福利的新一代流动人口比老一代流动人口的比例大，这与年轻流动人口的知识结构和受教育水平有关。

（五）不同户口性质流动人口的行业分布比较

北京有72.6%的流动人口是农业户口，非农业户口的人仅占27.4%。从总体来看，北京农业户口的流动人口主要从事于批发零售、住宿餐饮和社会服务这三种行业。而非农业户口的流动人口主要从事于批发零售、社会服务、科研和技术服务。可以看到农业和非农业的流动人口从事的行业差距很大。科研和技术服务、教育文化及广播电影电视、卫生体育和社会福利、金融保险房地产、党政机关和社会团体这些相对高端的行业，非农业流动人口从事的比例远比农业人口的比例高。而批发零售、住宿餐饮、制造业、建筑业这些中低端行业是农业户口流动人口从事较多的行业。除了与流动人口受教育水平有关外，制度安排对两类流动人口进入哪类行业也有较大影响（见表3—5）。

在北京市非农业户口的流动人口中，从事批发零售、社会服务、科研和

技术服务的人最多，分别占非农流动人口的 16.9%、13.8% 和 12.2%。而在农业户口的流动人口中，从事行业位居前三的是批发零售、住宿餐饮和社会服务，比例分别是 26.3%、18.2% 和 17.3%。虽然农户和非农流动人口从事批发零售的人都很多，但是农户流动人口的比例明显多于非农户，二者相差 9.4%。另外，从差额中可以看出，从事科研和技术服务的农业户口流动人口比非农流动人口少 9.5%，从事教育文化及广播电影电视的农业流动人口比非农少 8.5%（见表 3—5）。

表 3—5　　不同户口性质流动人口的行业分布比较　　单位：%

行业	户口性质			合计
	非农业	农业	差额（农业−非农业）	
制造业	8.0	9.8	1.8	9.3
采掘业	0.2	0.1	−0.1	0.1
农林牧渔业	0.3	0.5	0.2	0.4
建筑业	4.7	9.6	4.9	8.2
电煤水生产供应	0.4	0.3	−0.1	0.4
批发零售	16.9	26.3	9.4	23.7
住宿餐饮	10.2	18.2	8.0	16.0
社会服务	13.8	17.3	3.5	16.4
金融保险房地产	5.3	1.7	−3.6	2.7
交通运输仓储通信	3.0	3.4	0.4	3.3
卫生体育和社会福利	3.4	1.4	−2.0	2.0
教育文化及广播电影电视	10.6	2.1	−8.5	4.4
科研和技术服务	12.2	2.7	−9.5	5.3
党政机关和社会团体	1.2	0.3	−0.9	0.5
其他	9.6	6.2	−3.4	7.2
合计	100.0	100.0	0	100.0

资料来源：根据 2012 年北京市流动人口监测数据计算。

二、流动人口的职业选择及分布特点

职业结构是指劳动者在不同职业类型中的人数占所有在业者的比重。职业结构是一个国家或地区经济发展水平的标志，这是其一。其二，无论对个人还是某个群体来说，职业特征和结构所反映的是他或他们的经济收入水平、社会地位和社会声望。因此，通过分析流动人口的职业分布，可以了解这个群体目前的社会地位状况，如果能从历史的角度对比不同时代反映他们职业结构变化的有关数据，那我们不仅能了解他们的职业变迁过程，而且能够知道这个群体在社会变迁中的流动方向。再结合有关资料进一步分析，我们还可以解释职业变迁与社会结构、制度安排以及经济发展水平之间的关系。因此，职业结构与特征变化，对于我们研究流动人口非常重要。按照2000年《中华人民共和国职业分类大典》，我国的职业可分为8个大类和1 838种职业。以下我们按职业大类分析流动人口的职业分布情况。

根据2010年第六次人口普查数据可知，全国的流动人口中，从事生产、运输和设备操作职业的人最多，这一职业的流动人口占全部在业流动人口的41%，其次是商业服务人员，从事这一职业的占流动人口的31%，两项之和是72%，占在业流动人口的绝大多数。

（一）五大流动人口集中省市的职业分布对比

流动人口密集的城市以什么工作吸引流动人口？这些流入者靠什么维持在城市的生活？对比流动人口集中的五大省市（北京、上海、浙江、江苏和广州）的职业分布状况我们发现，上海的流动人口从事国家机关、党群组织、企业、事业单位负责人工作比例最高（4.9%），其次是江苏（3.3%），北京、浙江和广东的比例相当，在3%左右。北京的流动人口从事专业技术工作的比例最高（18.8%），其次是上海（12.5%），两个城市流动人口从事专业技术人员的比例都超过了12%，而江苏、浙江和广东都比较低，均低于10%。类似于专业技术人员的比例分别，流动人口从事办事人员和有关人员工作的，在北京和上海比例较高，均超过10%，而江苏、浙江和广东都比较低。这三类职业相对于其他职业，在技术能力、受教育水平和掌握的组织资源方面都占有优势，因此，可以说北京、上海这样的城市对受教育程度高和技术能力较强的流动人口很有吸引力。从表3—6中我们还发现，流动人口从事生产、

运输设备操作及有关人员的比例中，浙江、广东和江苏的比例都远远高于北京和上海。三个省中从事这一工作的流动人口比重都在 50% 以上，最高的浙江省，从事这一工作的流动人口比重达到 60%。而北京和上海的流动人口从事这一工作的比重分别为 22% 和 39%，北京最低。很明显，对于拥有大量各种类型企业的浙江、江苏和广东省，其经济发展方式与北京和上海非常不同，制造业是这三个省的行业发展优势。而北京却是以商业和服务业为主，这一职业的流动人口比重高达 41%，其次才是生产、运输设备操作人员及有关人员。

表 3—6　　五省市流动人口的职业分布对比　　单位：%

职业	北京	上海	江苏	浙江	广东
国家机关、党群组织、企业、事业单位负责人	2.9	4.9	3.3	2.8	3.0
专业技术人员	18.8	12.5	9.4	6.5	6.9
办事人员和有关人员	14.1	10.2	5.7	5.0	7.7
商业、服务业人员	41.0	31.5	26.5	23.6	25.3
农、林、牧、渔、水利业生产人员	1.4	1.9	3.3	2.2	2.2
生产、运输设备操作人员及有关人员	21.8	38.9	51.6	59.8	54.8
不便分类的其他从业人员	0	0.1	0.1	0	0.1
合计	100.0	100.0	100.0	100.0	100.0

资料来源：根据第六次人口普查数据整理。

（二）北京市流动人口职业分布特点及与全国平均水平比较

由表 3—7 可以看出，北京市流动人口从事餐饮、家政、保洁和商业服务业职业占比最大，为 42.4%，比 2010 年普查时略有增加；其次是经商的流动人口占比较高，为 15.3%；再次是 12.4% 的流动人口是专业技术人员。北京从事农、林、牧、渔、水利业生产流动人口数量较少，占比仅为 0.4%，这比 2010 年下降 1 个百分点。流动人口作为国家机关、党群组织、企业、事业单位负责人有效百分比为 1%，比 2010 年下降 1.9 个百分点。从 2012 年流动人口监测数据看，没有固定职业的流动人口也非常少，占比仅为 0.7%。总体来说，北京市流动人口从事商业和服务业比重相当高，若将经商、商贩、餐饮、家政、保洁、保安和其他商业服务业人员七个职业的比例加总，超过60%的流动人口从事这类商业和服务性的工作，这一比例为65.8%。

表3—7　　北京市流动人口与全国流动人口的职业分布对比　　单位：%

职业	全国有效百分比	北京市有效百分比	差额（北京–全国）
国家机关、党群组织、企业、事业单位负责人	0.4	1.0	0.6
专业技术人员	8.1	12.4	4.3
公务员、办事人员和有关人员	1.3	3.1	1.8
经商	13.8	15.3	1.5
商贩	4.6	5.3	0.7
餐饮	8.9	13.6	4.7
家政	0.4	0.8	0.4
保洁	1.2	2.6	1.4
保安	1.1	2.8	1.7
装修	2.8	4.4	1.6
其他商业服务业人员	15.1	25.4	10.3
农、林、牧、渔、水利业生产人员	1.4	0.4	−1.0
生产	24.9	4.4	−20.5
运输	2.8	1.8	−1.0
建筑	4.5	3.2	−1.3
其他生产、运输设备操作人员及有关人员	5.5	1.6	−3.9
无固定职业	1.2	0.7	−0.5
其他	1.9	1.4	−0.5
合计	100.0	100.0	0

资料来源：根据2012年北京市流动人口监测数据计算。

北京市流动人口的职业分布与全国相比，经商、商贩、餐饮、家政、保洁、保安和其他商业服务业人员，这七个职业流动人口比例均高于全国水平。其中，“其他商业服务业人员”的比例高出全国10.3个百分点。北京城市的迅猛发展导致这里的商业和服务业就业需求剧增。而北京市流动人口从事生产、运输、建筑和其他生产、运输设备操作及有关人员的比例，远远低于全国水平。

（三）北京不同户籍流动人口的职业地位对比

北京市农业户口的流动人口从事最多的职业是“其他商业服务业人员”“经商”和“餐饮”，这三者的比例分别为24.4%、17.0%和15.8%。而非农业户口的流动人口尽管从事“其他商业服务业人员”比例也最高（27.9%），但是该群体中“专业技术人员”的比例高达26.4%，而农业户籍流动人口这一比例仅为7.0%，相差近20个百分点。非农业户籍流动人口“经商”和“餐饮”的比例则比农业流动人口低7个百分点。非农流动人口除了“从事其他商业服务业”和“专业技术人员”的比例较大外，从事其他职业的比例都在10%以下。非农业流动人口还有2.6%的人是“国家机关、党群组织、企业、事业单位负责人”，农业流动人口这一比例仅0.3%（见表3—8）。

表3—8　　北京不同户口性质流动人口职业状况对比　　单位：%

职业	户口性质			合计
	非农业	农业	差额（农业-非农业）	
国家机关、党群组织、企业、事业单位负责人	2.6	0.3	−2.3	1.0
专业技术人员	26.4	7.0	−19.4	12.4
公务员、办事人员和有关人员	8.8	0.9	−7.9	3.1
经商	10.6	17.0	6.4	15.3
商贩	2.0	6.5	4.5	5.3
餐饮	7.7	15.8	8.1	13.6
家政	0.4	1.0	0.6	0.8
保洁	0.8	3.3	2.5	2.6
保安	2.8	2.8	0	2.8
装修	1.6	5.4	3.8	4.4
其他商业服务业人员	27.9	24.4	−3.5	25.4
农、林、牧、渔、水利业生产人员	0.3	0.5	0.2	0.5
生产	1.1	5.6	4.5	4.4
运输	0.9	2.1	1.2	1.8
建筑	1.6	3.9	2.3	3.2
其他生产、运输设备操作人员及有关人员	1.3	1.7	0.4	1.6

续表

职业	户口性质			合计
	非农业	农业	差额（农业–非农业）	
无固定职业	0.7	0.7	0	0.7
其他	2.3	1.0	−1.3	1.4
合计	100.0	100.0	0	100.0

资料来源：根据 2012 年北京市流动人口监测数据计算。

职业有三个方面的含义：第一，职业决定了个人的收入水平。第二，职业是社会身份和地位的标志。如众所周知的城市环卫工人、建筑工人和保洁女工，基本是农民工。第三，职业与一定的生产技术和受教育程度相联系。透过职业我们可以了解流动者的市场能力和人力资本水平，也能大致了解他们在流入地的基本生活状况以及他们在工作组织中是否掌握一定的资源。陆学艺教授对中国社会各阶层的分析提出，以职业分类为基础，以组织资源、经济资源和文化资源的占有状况为标准对社会成员进行分层（孙立平、应星、吕新萍，2011），我们将北京市流动人口的社会地位按职业分为四个等级：

（1）高地位职业：国家机关、党群组织、企业、事业单位负责人，专业技术人员。

（2）中高地位职业：公务员、办事人员和有关人员，经商。

（3）中低地位职业：商贩、餐饮、家政、保洁、保安、装修、其他商业服务业人员。

（4）低地位职业：农、林、牧、渔、水利业生产人员，生产，运输，建筑，其他生产、运输设备操作人员及有关人员，无固定职业和其他。

由表 3—8 发现，北京非农业流动人口与农业流动人口的职业地位相差很大。非农业流动人口从事中高及以上地位职业的比例为 48.4%，而农业流动人口从事中高及以上地位职业的比例仅为 25.2%；非农业流动人口从事中低地位职业的比例为 43.2%，而农业流动人口这一比例却达到 59.2%；非农业流动人口从事低地位职业的比例仅为 8.2%，而农业流动人口从事低地位职业的比例为

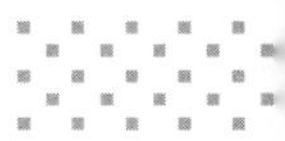

15.5%。通过对比我们不难看出，北京非农业流动人口大多从事中高及以上地位职业，而农业流动人口大多从事中低地位职业。李强在《"丁字形"社会结构与"结构紧张"》一文中，利用2000年第五次人口普查数据对中国人口的社会经济地位做了详细分析，他采用社会经济地位指数对各类职业赋值后发现，中国社会呈现一种"倒丁字形"结构。其中，中国农业人口和农民工处于社会分层中的下层，他们主要从事建筑、土石方施工、混凝土配制加工、架子工、地质勘查、开采煤矿冶金矿物、建筑材料加工、金属加工、装运搬运、人力车工、外卖运送、运输、伐木、屠宰场和肉类加工等工作。他们的实际社会地位和实际生活水平与农民比较接近（李强，2005）。由这一发现与我们的分析可以得出这样的结论：我国农业流动人口社会地位较低，而且十多年来职业地位改善很少。

（四）北京不同代际流动人口的职业对比

我们将北京流动人口分为35岁以上和35岁以下。由表3—9可以看出，35岁以下流动人口中，从事职业最多的是"其他商业服务业"，比例为29%；其次是"餐饮"和"专业技术"，比例分别为14.5%和14.1%。35岁及以上流动人口从事最多的职业是"经商"，比例为20.6%；其次是"其他商业服务业人员"，比例为19.4%。"餐饮"也是35岁以上和35岁以下流动人口从事较多的职业，比例分别为12.0%和14.5%。35岁以下流动人口从事专业技术人员，占比为14.1%；35岁及以上流动人口从事专业技术人员，占比为9.6%，35岁以下流动人口经商的有12.0%。

表3—9　　北京不同代际流动人口的职业状况比较　　单位：%

职业	代际划分			合计
	35岁以下	35岁及以上	差额（前两项之差）	
国家机关、党群组织、企业、事业单位负责人	0.9	1.1	0.2	1.0
专业技术人员	14.1	9.6	−4.5	12.4
公务员、办事人员和有关人员	3.9	1.8	−2.1	3.1
经商	12.0	20.6	8.6	15.3

续表

职业	代际划分			合计
	35岁以下	35岁及以上	差额（前两项之差）	
商贩	4.3	6.8	2.5	5.3
餐饮	14.5	12.0	−2.5	13.6
家政	0.4	1.5	1.1	0.8
保洁	0.9	5.4	4.5	2.6
保安	3.5	1.8	−1.7	2.8
装修	3.1	6.3	3.2	4.3
其他商业服务业人员	29.1	19.4	−9.7	25.4
农、林、牧、渔、水利业生产人员	0.4	0.6	0.2	0.5
生产	4.8	3.6	−1.2	4.4
运输	1.8	1.7	−0.1	1.7
建筑	2.4	4.5	2.1	3.2
其他生产、运输设备操作人员及有关人员	1.8	1.3	−0.5	1.6
无固定职业	0.6	0.9	0.3	0.7
其他	1.6	1.1	−0.5	1.4
合计	100.0	100.0	0	100.0

资料来源：根据 2012 年北京市流动人口监测数据计算。

如表 3—10 所示，按照前文我们对流动人口按职业社会地位四个等级的划分（高地位职业、中高地位职业、中低地位职业、低地位职业），35 岁以上流动人口从事“高地位职业”的占比为 10.7%，35 岁以下群体这一比例为 15%；从事“中高地位职业”的两个群体占比分别为 22.4% 和 15.9%，35 岁以上群体占比高于 35 岁以下群体。两个群体从事“中低地位职业”的比例相当，分别为 53.8% 和 55.2%；从事“低地位职业”的比例也相当，分别为 13.7% 和 13.4%。尽管从事高地位职业的 35 岁以下群体所占比例高于 35 岁以上群体 4 个百分点，但是若将他们从事的中高地位职业所占的比例与高地位职业比例加总，35 岁以上群体的这一比例为 33.1%，35 岁以下群体的这一比例为 30.9%。35 岁以上流动人口的社会职业地位还高于 35 岁以下流动人口的职业地位，但二者相差不大。另外，通过两个较低职业地位的代际对比发现，从事“中低地位职业”和“低地位职业”的35岁以上流动人口的比例与35岁以下流动人口的比例几乎无差别。因此可以说，从年龄上划分，这两个群体的职业地位无显著差异。

表3—10　　北京不同代际流动人口的职业等级对比　　单位：%

职业等级	35岁以下	35岁及以上
高地位职业	15.0	10.7
中高地位职业	15.9	22.4
中低地位职业	55.8	53.2
低地位职业	13.4	13.7

资料来源：根据2012年北京市流动人口监测数据计算。

进一步将代际群体按农业户籍与非农户籍划分（见表3—11），从代际的职业地位构成看，35岁以下农业人口比35岁以上农业人口在高职业地位上的比例高，但在中高职业地位上的比例低，相差都是3个左右的百分点。在中低职业地位和低职业地位上的比例相近，相差不到1个百分点。

表3—11　　北京市流动人口按户籍分类的职业地位的代际对比　　单位：%

户口性质	代际划分	各类百分比	职业地位				合计
			高职业地位	中高职业地位	中低职业地位	低职业地位	
农业	35岁及以下	代际划分	7.7	13.0	33.8	45.5	100.0
		职业地位	74.5	56.8	62.3	63.0	62.6
	35岁以上	代际划分	4.4	16.6	34.2	44.8	100.0
		职业地位	25.5	43.2	37.7	37.0	37.4
	合计	代际划分	6.4	14.4	33.9	45.3	100.0
		职业地位	100.0	100.0	100.0	100.0	100.0
非农业	35岁及以下	代际划分	23.3	18.1	36.3	22.3	100.0
		职业地位	72.1	59.0	66.6	63.0	65.4
	35岁以上	代际划分	17.1	23.7	34.4	24.8	100.0
		职业地位	27.9	41.0	33.4	37.0	34.6
	合计	代际划分	21.2	20.0	35.6	23.2	100.0
		职业地位	100.0	100.0	100.0	100.0	100.0

资料来源：根据2012年北京市流动人口监测数据计算。

非农业户籍的流动人口职业地位具有以下特点：在高职业地位上，35岁以下人群的比例高于35岁以上，而中高职业地位上，35岁以下比例低于35岁以上人群，在中低职业地位和低职业地位上的比例相近。但与农业户籍流动人口有所不同的是，无论35岁以上人群还是35岁以下的人群，非农业户籍在高职业地位的比例均高于农业户籍人群15个和13个百分点，中高职业地位和中低职业地位亦如此，只是比例相差不大。而在低职业地位上，农业户籍流动人口比例远高于非农户籍流动人口比例。

三、职业、社会地位与融合的关系

职业作为社会经济地位的标识有很深的理论渊源，而且作为分析社会阶层的可度量的方法，在社会科学界已经得到认可。职业作为社会地位的重要标志，无论是政府管理、商业分类还是学术研究都很重视职业结构及变化，因此，职业分类数据更容易获取，而且在职业分层的基础上研究社会阶层结构也是一种具有实际操作意义的方法。

现有分层研究大都是以韦伯社会分层的三个标准，即财富（经济标准）、社会声望（社会标准）和权利（政治标准）为基础。韦伯着重以身份群体来区分社会阶层，身份群体是指社会声望、社会荣誉地位相似的群体。国内有关社会分层研究（李强，2005；陆学艺，2004），都是从职业分层角度分析中国社会结构的问题。李强利用“国际社会经济地位指数”对全国就业人口进行分析后发现，中国总体社会结构是一个倒过来的“丁字形”结构，存在一个巨大的处在很低的社会经济地位的群体。该群体内部的分值高度一致，在形状上类似于倒过来的汉字“丁”字的一横，而“丁”字的一竖代表一个很长的直柱形群体，该直柱形群体是由一系列的处在不同社会经济地位上的阶层构成。根据社会学的理论，这种社会结构是一种很不理想的结构，会导致社会处于“结构紧张”的状态，由于底层巨大，更容易产生社会冲突。“倒丁字形”结构最突出的问题是城乡分离，之所以呈现这样的结构是因为存在明显的城乡户籍分野。陆学艺教授认为当前中国社会已经分化为十大社会阶层，即国家与社会管理者阶层、经理人员阶层、私营企业主阶层、专业技术人员阶层、办事人员阶层、个体工商户阶层、商业服务业员工阶层、产业工人阶层、农业劳动者阶层、城乡无业失业半失业者阶层。陆学艺教授等认为，区分的标准有三个：组织资源、经济资源和文化资源。在三种资源中，组织资源具有决定性意义。张翼等利用 2000 年第五次全国人口普查数据对中国各阶层人口的数量及阶层结构作出估计发现，位于社会底层的农民占各阶层总人数的 64% 左右，“蓝领”工人占 23.9%，“白领”阶层占 12.2%。“白领”阶层中最上层的专业人员阶层和管理者阶层，仅占社会劳动者总数的 1.1%。由此认为，中国阶层结构是一个底盘还很庞大的“烛台”，这与和谐社会所要求的阶层结构还有一定距离。这些研究都是从职业分层角度进行分析，对于研究流动人口的社会经济地位及变迁具有重要启发。流动伴随社会地位的变化，无论出于什么原因流入大城市，流动人口总是试图改变自己的命运，提升自己的社会地位。与此同时，他们的进入也改变着当地的社会结构和经济结构（张翼、侯慧丽，2004）。

到目前为止，流动人口的融入问题仍是亟待解决的问题。产生问题的原因主要来自三个方面：第一，以户籍所在地分配社会资源的方式至今未改变，而这些保障对于已经长期居住在其他省市的流动人口来说，不能给予他们相应的保障，如低保、失业、养老以及医疗等；第二，对于流入地而言，当地政府不愿意为或没有能力为规模庞大的流动人口提供与当地人同样的保障，尤其是流动人口规模位居前五的省市（广东、浙江、江苏、上海和北京），其户籍人口规模本已巨大，再加上流动人口，当地财政在住房和最低生活保障等方面对流动人口缺乏足够支持；第三，由于东西部地区之间、农村和城市之间社会经济水平存在巨大的落差，而且社会保障水平不统一并缺少异地保障的功能，导致流动人口难以在流入地享受流出地的各项保障。综合以上三点，流动人口在流入地的居住、生活以及工作等方面必然遭遇与当地人不同的待遇，当地人不愿意与流动人口均分他们已经占有的社会资源，流动人口

也难以在流入地享受同等的住房、子女教育、就业培训等方面的保障。尤其是农村户籍的流动人口，其养老、医疗以及最低社会保障水平远远低于发达省市，当其流入经济较发达的省市或地区时，流入地一般不解决居住、就业、低保等保障问题。由此带来的后果是这个群体与当地居民形成了两个不同的群体，这就是社会距离，并由此形成了城市中的二元结构。这种流动群体在权利享有方面的弱势状况，将进一步加剧我国城乡之间、东西部之间发展的不平衡，从而影响整个社会经济发展，并会加剧社会结构的不稳定。因此，我们认为“流动人口社会融入问题”的本质是权益和保障享有程度的差距引发的社会问题，融入意味着流动群体社会地位的提升，至少在社会参与、经济地位和居住条件等方面应有所体现。

职业是个人最主要的社会地位标志，布劳和邓肯认为，对职业地位和职业流动进行系统分析是了解社会阶层的最佳途径。以上我们将职业分为四个等级后发现，农业户籍的流动人口的职业地位非常低，应该属于倒丁字结构的底部位置，而这一位置的群体的收入也属于底层群体的收入，至少在城市中属于底层劳动者的收入水平。在这一群体的社会结构位置长期未得到改变的情况下，他们的城市融合状况能发生根本性的改变吗？特别是他们子一代（35 岁以下）的职业地位亦未有显著提升的情况下，农民工城市融合的问题其实并未解决。

第四章

流动人口及家庭的城市融合现状研究

流动人口的城市融合至少应包括经济层面的适应、社会层面的适应和心理层面的适应三个方面。经济层面的适应状况包括该群体的就业、收入与家庭支出和居住状况，其中该群体的社会经济地位是经济融合的重要特征。社会层面的适应，指的是流动群体融入城市生活的广度，是他们在城市的社会交往状况和生活方式。心理层面的适应是指流动群体的城市归属感，是他们城市生活的感受和自我认同，也可以用对流入地的社会距离感来衡量。

本章将先从流动群体的经济适应状况、社会适应状况和对城市的认同与感受三个方面描述北京流动人口的城市融合现状。第五章将对影响流动群体的城市融合因素进行模型分析，并与已有研究进行对话。

一、流动人口经济融合状况

就业、职业地位和居住状况都反映出流动人口经济层面的适应情况。由第二章的内容我们知道，流动人口有 86.3% 的人就业、0.8% 的人失业、2.5% 的人无业。非农业流动人口的失业百分比略高于农业流动人口，农业流动人口的无业百分比略高于非农业流动人口（详见第二章内容，表 2—15）。第三章中我们分析了流动人口的职业地位，发现非农业流动人口的职业地位明显高于农业流动人口的职业地位，而且在高职业地位所占的比例高出农业流动人口十几个百分点（详见第三章内容，表 3—11）。职业地位标志着社会地位，并反映在收入和居住状况等方面。以下就流动人口的收入状况、劳动时

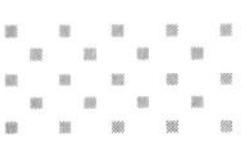

间、住房状况等方面的内容进行分析。

（一）流动人口的就业身份与就业单位类型分析

就业者身份和就业单位类型对流动人口的经济地位获得具有重要意义。在我们接触到的很多来京的流动者中，都认为自己当老板才算是成功者。因此，具有独立经济能力并雇佣他人的经营产业者，应该是流动群体中的佼佼者。从表4—1中我们看到，流动人口成为雇主的比例较低，且非农业流动人口的比例高于农业流动人口比例。表4—1显示，无论是农业流动人口还是非农业流动人口，绝大多数人都是受雇于他人的雇员。这一比例农业流动人口为66.2%，非农业人口为71.7%。农业流动人口还有较大比例的人是自营劳动者，他们主要靠经营小本生意维持生活。北京的流动人口做家庭帮工的比例很低，这是所有就业身份中人数最少的一类。

表4—1　不同户籍流动人口的就业身份　单位：%

就业身份	户口性质			合计
	农业	非农业	其他	
雇员	66.2	71.7	62.3	67.0
雇主	9.4	11.1	12.3	9.6
自营劳动者	23.4	16.6	24.6	22.5
家庭帮工	0.9	0.6	0.9	0.9
合计	100.0	100.0	100.0	100.0

资料来源：根据2012年北京市流动人口监测数据计算。

从就业单位类型来看，土地承包者主要是农业流动人口，但这一比例不高，仅占1%。私营企业和个体工商户是农业流动人口和非农业流动人口选择最多的就业单位，仅这两类就业单位就分别吸纳72.1%和65.7%的农业和非农业流动人口。值得注意的是，进入私营企业的流动人口比例，农业流动人口为38.8%，非农业流动人口为38.4%。港澳台企业、日韩企业、欧美企业和中外合资企业吸收的流动人口比例不高，农业流动人口为10.1%，非农业流动人口为12.6%。无单位者，农业流动人口为10%，非农业流动人口为5%

（见表 4—2）。表 4—1 和表 4—2 相结合可以了解到，北京的农业和非农业流动人口中，至少有 60% 以上的人受雇于私营企业。相比较而言，非农业流动人口的就业单位较好，他们在机关事业单位和国有控股企业比例高，这类单位就业规范，薪酬和工作环境有保障，能遵守劳动法规定，相对保障程度较高。

表 4—2　　不同户籍流动人口的就业单位类型分布　　单位：%

就业单位类型	户口性质			合计
	农业	非农业	其他	
土地承包者	1.0	0.4	0.9	0.9
机关事业单位	1.1	4.5	4.0	1.6
国有及国有控股企业	2.7	8.3	6.6	3.5
集体企业	1.9	2.4	0.4	2.0
个体工商户	33.3	27.3	38.9	32.5
私营企业	38.8	38.4	31.9	38.7
港澳台企业	5.5	4.8	3.5	5.4
日韩企业	1.1	1.1	0	1.1
欧美企业	0.5	1.8	3.5	0.7
中外合资企业	3.0	5.0	1.3	3.3
其他	0.9	1.0	3.5	0.9
无单位	10.1	5.1	5.3	9.4
合计	100.0	100.0	100.0	100.0

资料来源：根据 2012 年北京市流动人口监测数据计算。

（二）流动人口收入状况分析

从流动人口的收入状况来看，农业人口平均收入为 3 017.51 元，低于非农业流动人口 1 100 元左右。农业人口收入的众数值较低，仅为 2 000 元，而非农业流动人口的收入的众数值为 3 000 元。农业流动人口仅有 1/10 的人收入超过 3 200 元，而非农业流动人口有 1/4 的人收入超过 5 000 元。非农业流动人口的收入状况远高于农业流动人口（见表 4—3）。

表 4—3　　北京流动人口收入状况的统计描述　　单位：元

收入统计值	农业户籍	非农业户籍	总体状况
平均收入	3 017.51	4 179.74	3 183.54
收入中位数	2 500	3 000	2 500
众数值	2 000	3 000	2 000
1/4分位数	2 000	2 000	2 000
3/4分位数	3 200	5 000	3 500

资料来源：根据 2012 年北京市流动人口监测数据计算。

进一步我们将收入分为 8 个档次，以当年最低工资标准为低工资上限，以 1 万元以上作为最高工资下限，我们发现，收入低于最低工资标准的农业与非农业流动人口比例都非常小，但农业流动人口中有 31.5% 的人收入为 1 261 ~ 2 000 元，36.5% 的人收入为 2 001 ~ 3 000 元，两项之和的比例为 68%，而非农业流动人口这两项的比例之和仅为 49.9%。农业流动人口该项比例超过非农业流动人口 18 个百分点。由表 4—4 还可以看到，随着收入水平的增加，农业流动人口与非农业流动人口收入差距在增大，在 3 001 以上收入水平，非农业流动人口比例开始高于农业流动人口比例，在 4 001 ~ 6 000 元收入水平上，达到最大值。在之后的 6 001 ~ 8 000 元、8 001 ~ 10 000 元和 10 001 元以上，非农业流动人口比例始终高于农业流动人口的比例。从收入各档次看，3 000 元以下收入档次中，农业流动人口比例高于非农业流动人口，但从 3 001 元开始，非农业流动人口的比例均高于农业流动人口比例。二者收入不属于同一水平而且差距很大。

表 4—4　　两类户籍流动人口的收入分布　　单位：%

收入水平	户口性质			合计
	农业	非农业	其他	
0 ~ 1 260元	6.2	3.9	7.0	5.9
1 261 ~ 2 000元	31.5	21.7	30.7	30.1
2 001 ~ 3 000元	36.5	28.2	30.7	35.3
3 001 ~ 4 000元	12.9	15.1	8.3	13.2
4 001 ~ 6 000元	8.9	18.3	12.7	10.2
6 001 ~ 8 000元	1.8	5.4	3.1	2.3

续表

收入水平	户口性质			合计
	农业	非农业	其他	
8 001～10 000元	1.2	4.3	2.2	1.7
10 001元以上	1.1	3.1	5.3	1.3
合计	100.0	100.0	100.0	100.0

资料来源：根据 2012 年北京市流动人口监测数据计算。

收入带给个体物质回报的同时，还对他们的生活方式产生影响。比如他们能够为自己或家人提供一种什么样的生活环境，他们除工作时间外有多少业余时间及业余时间如何安排，以及自己和家庭的消费结构等，这些都会影响流动人口对城市社会的认同感。下面我们将对流动人口居住状况、劳动强度等问题做进一步分析。

（三）流动人口居住状况

当许多人生活在舒适、宽敞的住房内的时候，有些人却居住在过分拥挤、没有供暖或临时搭建的房屋内。流动人口中，那些收入 2 000 元以下的打工者，他们在北京的居住状况就非常窘迫，因为收入水平决定了他们的居住条件。流动人口监测数据给我们提供了流动群体在京的住房类型，但却未提供他们的住房质量信息，因此我们无法从该数据了解这个群体的居住拥挤程度和住房质量方面的问题。不过我们从监测数据所提供的住房类型，可以了解与他们居住相关的信息。

由表 4—5 可以看到，农业流动人口与非农业流动人口都以租住私房为主，这一比例农业流动人口高达 67.5%，非农业流动人口也超过半数（50.8%）。流动人口居住在“政府提供的廉租房”“自建房”和“其他非正规居所”的比例非常低，不到 1%。两类流动人口居住在“单位或雇主提供的免费住房”的约有 11%。两类流动人口居住的最大区别是非农业流动人口有 24.8% 的人居住在自己购买的住房内，这一比例超过流动人口平均水平。与非农业流动人口相比较，农业流动人口仅 6% 的人有能力自购住房，比例相差巨大。

表 4—5　　居住房屋类型与户口性质　　单位：%

居住房屋类型	户口性质			合计
	农业	非农业	其他	
租住单位雇主房	6.8	7.0	7.0	6.8
租住私房	67.5	50.8	51.2	65.1
政府提供的廉租房	0.4	0.4	0	0.4
单位或雇主提供的免费住房	12.7	11.0	19.8	12.4
借住房	1.1	2.7	4.3	1.4
就业场所	4.0	2.3	3.5	3.7
自购房	6.1	24.8	12.8	8.8
自建房	0.8	0.6	1.6	0.8
其他非正规居所	0.6	0.4	0	0.6
合计	100.0	100.0	100.0	100.0

资料来源：根据 2012 年北京市流动人口监测数据计算。

住房是社会地位的标志，它与流动人口的收入水平紧密相关。居住能为流动者提供安全感，既是他们城市生活的写照，又是他们融入城市生活的必要条件。两类流动人口居住类型的巨大差异反映出农业流动人口与非农业流动人口社会地位的差距和经济融合程度的差异。

（四）流动人口劳动强度与医疗保险状况

在城市打工的流动人口，他们的劳动强度怎样？他们的劳动权益是否得到保障？监测数据仅提供了工作天数和工作时间的数据，以及是否拥有城市医疗保险状况的信息，但对于受雇者是否与雇主签订劳动合同、工作环境如何、加班补偿如何计算和能否按时拿到工资，以及单位是否为他们办理养老保险等问题，都不在监测数据的调查内容之中。

由表 4—6 可以看到，非农业和农业流动人口每周平均工作天数为 6 天，每天工作时间也都在 9 小时左右，均超过劳动法规定的每周工作 5 天、每日工作 8 小时的正常工作时间。与非农业流动人口相比较，农业流动人口的劳动强度更大，表现为工作天数多、工作时间长。他们的每周工作天数均值为 6.24 天，众数是 7 天，最大值也是 7 天。而且有半数的人一周工作 6.3 天。工作时间上也呈现类似状况。农业流动人口平均一天工作 9.58 个小时，有一半的人每天工作 10 小时。而非农业人口每周工作天数均值为 5.86 天，众数是 5 天，最大值是 7 天。而且非农流动人口至少有一半的人每天工作时间是 8 小时，少于非农流动人口 2 小时。农业流动人口的劳动强度更大，而收入较低。

表 4—6　　农业与非农业流动人口的劳动强度　　单位：%

劳动强度	非农业户籍人口				农业户籍人口			
	均值	中位数	众数	最大值	均值	中位数	众数	最大值
平均每周工作天数	5.86	6	5	7	6.24	6.3	7	7
平均每天工作小时	8.94	8	8	16	9.58	10	8	16

资料来源：根据 2012 年北京市流动人口监测数据计算。

由表 4—7 可以看到，超过一半的流动人口没有城镇职工医疗保险，农业流动人口这一比例高达 73.4%，其中确定自己有城镇职工医疗保险的仅占 22.9%。而非农业流动人口有城镇职工医疗保险的比例尽管高于农业流动人口，但也不超过半数，为 46.7%。城镇职工医疗保险是指由单位每个月缴纳 8%、个人缴纳 2% 外加 10 块钱的大病统筹保险。大多数流动人口没有该项保险表明，很多用人单位在雇佣流动人口特别是农民工时，基本未给他们办理城镇职工医疗保险，也就未缴纳本该由用人单位支付的 8% 的费用，也因此导致了大部分流动人口不具有城镇职工医疗保险的结果。

表 4—7　　流动人口拥有城镇职工医疗保险状况　　单位：%

选择	户口性质			合计
	农业	非农业	其他	
是	22.9	46.7	28.3	26.3
否	73.4	50.6	68.6	70.2
不清楚	3.6	2.7	3.1	3.5
合计	100.0	100.0	100.0	100.0

资料来源：根据 2012 年北京市流动人口监测数据计算。

二、流动人口社会层面的适应状况

社会层次的融合更强调流动人口在社会关系、社会互动方面的融入。比

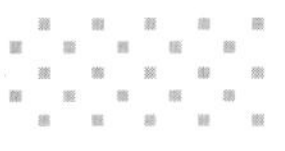

如个体在居住社区的休闲娱乐、社区政治活动和社会公益活动中的参与程度，以及流动者在流入地所积累的社会资本，特别是与流入地居民的交往程度。本部分就流动人口的社区参与和与本地居民的交流状况和业余时间的休闲方式做进一步分析。

人是一种社会化的动物，个体对他人和社会都有很强的依赖性。流动人口在流入地的社会交往，是他们城市生活的重要内容。流动人口因各种原因离开家乡，脱离了自己的地缘、亲缘的社会网络，在异地他乡必然要交往新的朋友，重新建立自己的社会关系，这一过程既是流动人口继续社会化也是他们适应城市生活的过程。因此，探究流动人口在流入地的社会交往和社区参与活动，对于我们了解流动人口的城市融合问题具有重要的意义。以下我们将从流动人口的业余活动、社会公益活动、计划生育协会活动、社区卫生健康教育活动、选举活动各方面的参加情况，了解他们在城市社区的参与、交往和适应程度。

（一）流动人口参与社区和公共活动的情况

1. 社区文体活动参与情况

对于在外工作的流动人口来说，社区活动成为其社会化交流的主要方式。从表 4—8 的数据中可以看出，流动人口对于社区文体活动的参与度并不高，只有 24.3% 的流动人口参与社区文体活动，75.7% 的流动人口并未参与社区文体活动。非农业流动人口参与社区文体活动的比例略高于农业流动人口参与的比例，但差别不明显。

表 4—8　　　　流动人口社区文体活动参与情况　　　　单位：%

户口类型	社区文体活动		合计
	是	否	
农业流动人口	22.7	77.3	100.0
非农业流动人口	28.4	71.6	100.0
合计	24.3	75.7	100.0

资料来源：根据 2012 年北京市流动人口监测数据计算。

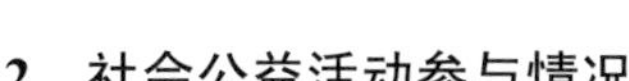

2．社会公益活动参与情况

与表 4—8 相比较，流动人口社会公益活动的参与率较高。农业流动人口有近 1/3 的人参与社会公益活动，而非农业流动人口超过 1/3 的人参与社会公益活动，均高于社区文体活动的参与度，非农业流动人口对于各种公益活动的参与度要高于农业流动人口 10 个百分点（见表 4—9）。

表 4—9　　流动人口社会公益活动参与情况　　单位：%

户口类型	社会公益活动		合计
	是	否	
农业流动人口	28.0	72.0	100.0
非农业流动人口	38.0	62.0	100.0
合计	30.8	69.2	100.0

资料来源：根据 2012 年北京市流动人口监测数据计算。

3．计划生育协会活动参与情况

根据表 4—10 显示，农业流动人口计划生育协会活动的参与率是 27%，非农业流动人口计划生育协会活动的参与率是 25%。对比表 4—8 和表 4—9 可以看出，与社区文体活动、社会公益活动不同的是，农业流动人口的计划生育协会活动参与程度要高于非农业流动人口的计划生育协会活动参与程度。与社区文体活动、社会公益活动相似之处是，农业流动人口与非农业流动人口总体上对于计划生育协会活动的参与率并不高，未参与的比例高达 70% 以上。

表 4—10　　流动人口计划生育协会活动参与情况　　单位：%

户口类型	计划生育协会活动		合计
	是	否	
农业流动人口	27.0	73.0	100.0
非农业流动人口	25.0	75.0	100.0
合计	26.4	73.6	100.0

资料来源：根据 2012 年北京市流动人口监测数据计算。

4．社区卫生、健康教育活动参与情况

根据表 4—11，对比表 4—8、表 4—9 和表 4—10 可以看出，整体上，流

动人口社区卫生、健康教育活动的参与程度要高于社区文体活动、社会公益活动、计划生育协会活动。流动人口的社区卫生、健康教育活动的参与率为33.8%。其中，农业流动人口的社区卫生、健康教育活动参与率为32.9%，非农业流动人口的社区卫生、健康教育活动参与率为36.1%，非农业流动人口的社区卫生、健康教育活动参与情况略好于农业流动人口的社区卫生、健康教育活动参与情况。

表 4—11　　流动人口社区卫生、健康教育活动参与情况　　单位：%

户口类型	社区卫生、健康教育活动		合计
	是	否	
农业流动人口	32.9	67.1	100.0
非农业流动人口	36.1	63.9	100.0
合计	33.8	66.2	100.0

资料来源：根据 2012 年北京市流动人口监测数据计算。

5. 选举活动参与情况

由表 4—12 可知，流动人口参加选举活动的比例非常低，仅有 7.9%，而 92.1% 的流动人口并未参与选举活动。与非农业流动人口比较，农业流动人口选举活动的参与率仅为 5.5%，与非农流动人口参与比例相差近 10 个百分点。根据表 4—8、表 4—9、表 4—10 和表 4—11，对比流动人口各项活动的参与情况流动人口参与“社区文体活动”“社会公益活动”“计划生育协会活动”“社区卫生、健康教育活动”的比例均高于“选举活动”参与比例，其中农业流动人口参与“选举活动”的比例是所有各类参与比例中最低的。

表 4—12　　流动人口选举活动参与情况　　单位：%

户口类型	选举活动		合计
	是	否	
农业流动人口	5.5	94.5	100.0
非农业流动人口	14.5	85.5	100.0
合计	7.9	92.1	100.0

资料来源：根据 2012 年北京市流动人口监测数据计算。

无论是在工作场所还是在居住的社区，如果将参与“选举活动”作为一种权益来看的话，流动农业人口的低参与程度应该是他们权益保障程度低的一种体现。

（二）流动人口的社会交往状况

社会资本是一种群体性资源，可以为个人提供便利，并对经济收入起正向作用。边燕杰的研究发现，社会资本优势者，其个人和家庭的收入也较高，社会资本能促进劳动力市场的信息传递，为个人获得更好的职业地位（边燕杰，2004）。大量研究表明，如果个体拥有较高质量的社会资本，那么其社会网络将更加广泛，对职业搜寻和流动将产生积极作用（张文宏，2004；谢勇，2009；朱志仙、张广胜，2014）。社会资本按个体之间关系的紧密程度可分为强关系和弱关系社会资本。而基于个体间社会关系网络的开放性特征，可以将社会资本划分为“整合型”和“跨越型”社会资本。整合型社会资本是指基于传统的亲缘、地缘等关系形成的闭合性社会资本。跨越型社会资本是指个体在社会流动中通过延展原有的社会关系网络而形成的跨越不同社会群体的开放性社会资本（王春超、周先波，2013）。显然，对社会资本的“整合型”和“跨越型”的划分，更为完整地把握了社会资本的属性，同时也反映出社会资本转换的动态特征。朱志胜的研究发现“整合型”社会资本对于农民工较低层次的就业和职业获取具有正向的促进作用，但是对于该群体的职业发展实现或职业地位提升不存在显著影响。而“跨越型”社会资本有助于农民工获取更高层次的就业岗位（朱志胜，2015）。

根据我们研究的需要，我们重点考察的是流动人口与本地人的交往程度。我们认为，他们与本地人的互动和交流，会有助于消除他们与流入地居民之间的社会距离，促使其尽可能地融入城市社会。若将流动人口的社会交往对象分为本地户籍和外地户籍两大类，我们发现，本地户籍的人又可以分为户籍在本地的同乡和其他本地人。非本地户籍的人可以分为户口在老家的同乡和其他外地人。按照社会资本的强关系和弱关系以及整合型与跨越型两种分类方式，我们发现，交往对象为本地户籍的既包括整合型也包括跨越型社会资本，而且既有强关系型（本地户籍的老乡）又有弱关系型（本地人非老乡）的特征。同样，交往对象为非本地人的类型中，也同时兼具强关系和弱关系，以及整合型和跨越型两类社会资本。我们认为，户口在本地的同乡这类整合型社会资本与其他本地人这类跨越型社会资本对流动人口的城市融入可能具有更重要的作用。

由表4—13我们看到，流入人口与户口在本地的同乡的交往比例仅为9.9%，与其他本地人的交往比例也不过20.9%，二者之和为30.8%。业余时间与他们交往最多的还是户口在老家的同乡，这一比例达42.8%，与其他外地人的交往比例为16.9%，另有9.4%的流动人口很少与人来往。由表可以看出，流动人口与户口在本地的人交往并不多，他们较多地与和自己有相同境遇的人进行社会交往，而同乡则是其主要的交往对象。正如费孝通先生所讲，很多离开老家漂流到别的地方去的人，并不能像种子落入土中一般长成新村落，他们只能在其他已经形成的社区中设法插进去。如果这些没有血缘关系的人能结成一个地方社群，他们之间的联系可以是纯粹的地缘。

由表4—13我们还发现，农业流动人口与非农业流动人口在业余时间的社会交往方面有很大区别。将近一半的农业流动人口（49.5%）在业余时间的社会交往对象是户口在老家的同乡，而他们与其他本地人的交往较少（16%）。但在非农业流动人口中，他们与户口在老家的同乡的交往比例却低于与其他本地人的交往比例，二者分别为25.1%和33.9%。非农业流动人口与其他外地人的交往比例亦高于农业流动人口，二者分别为19.3%和16.0%。这表明非农业流动人口所拥有的跨越型社会资本远高于农业流动人口，这与非农业流动人口所从事的职业、居住生活的环境有比较密切的关系。

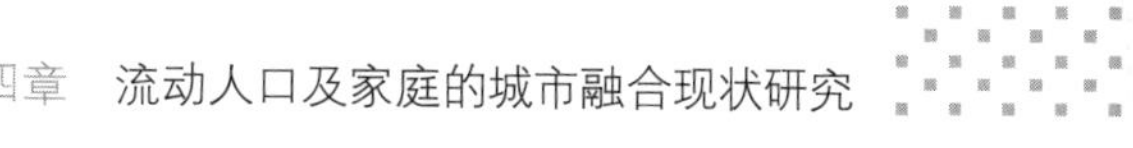

表 4—13　　流动人口业余时间的社会交往情况　　单位：%

户口类型	业余时间的社会交往					合计
	同乡（户口在本地）	同乡（户口在老家）	其他本地人	其他外地人	很少与人来往	
农业流动人口	9.4	49.5	16.0	16.0	9.1	100.0
非农业流动人口	11.4	25.1	33.9	19.3	10.4	100.0
合计	9.9	42.8	20.9	16.9	9.4	100.0

资料来源：根据 2012 年北京市流动人口监测数据计算。

（三）流动人口的日常休闲方式

从心理学的观点看，人需要独处，是为了进行个体的内在整合。日常休闲方式不仅反映了一个人的生活状态，同时也是与他人进行社会交往的途径。

1. 看电视、电影、录像

从表 4—14 的数据中可以看出，看电视、电影、录像是流动人口日常的主要休闲方式。无论是农业流动人口还是非农业流动人口，日常生活中看电视、电影、录像的比例都在 86% 以上。其中，农业流动人口的比例为 86.3%，非农业流动人口的比例为 87.8%。

表 4—14　　流动人口日常看电视、电影、录像情况　　单位：%

户口类型	看电视、电影、录像情况		合计
	是	否	
农业流动人口	86.3	13.7	100.0
非农业流动人口	87.8	12.2	100.0
合计	86.7	13.3	100.0

资料来源：根据 2012 年北京市流动人口监测数据计算。

2. 玩棋牌、麻将、电脑游戏

根据表 4—15 的数据，27.9% 的流动人口日常玩棋牌、麻将、电脑游戏，72.1% 的流动人口日常不玩棋牌、麻将、电脑游戏，可以看出，流动人口日常玩棋牌、麻将、电脑游戏并不是很多。与表 4—14 的数据相比，流动人口日常看电视、电影、录像的情况更加普遍，而日常玩棋牌、麻将、电脑游戏

的情况较少。26.1%的农业流动人口日常玩棋牌、麻将、电脑游戏，32.5%的非农业流动人口日常玩棋牌、麻将、电脑游戏，相比较而言，非农业流动人口比农业流动人口日常玩棋牌、麻将、电脑游戏情况更多。

表 4—15　　流动人口日常玩棋牌、麻将、电脑游戏情况　　单位：%

户口类型	玩棋牌、麻将、电脑游戏情况		合计
	是	否	
农业流动人口	26.1	73.9	100.0
非农业流动人口	32.5	67.5	100.0
合计	27.9	72.1	100.0

资料来源：根据2012年北京市流动人口监测数据计算。

3. 上网浏览、通信

根据表4—16的数据，49.6%的流动人口日常上网浏览、通信，50.4%的流动人口日常不会上网浏览、通信，这个比例各占一半，也就是说一半的人会进行上网浏览、通信，而另一半的人不会上网浏览、通信。

表 4—16　　流动人口日常上网浏览、通信情况　　单位：%

户口类型	上网浏览、通信情况		合计
	是	否	
农业流动人口	40.2	59.8	100.0
非农业流动人口	74.4	25.6	100.0
合计	49.6	50.4	100.0

资料来源：根据2012年北京市流动人口监测数据计算。

农业流动人口日常上网浏览、通信所占比例是40.2%，非农业流动人口日常上网浏览、通信所占比例是74.4%。可以分析出，在流动人口日常上网浏览、通信情况方面，农业流动人口与非农业流动人口的差距较为明显，甚至大多数非农业流动人口会选择日常上网浏览、通信，而大多数农业流动人口不会选择日常上网浏览、通信。

4. 读书、看报、学习

表4—17的数据反映出，50.9%的流动人口日常会读书、看报、学习，

49.1%的流动人口日常不会读书、看报、学习。与表4—16的数据相似，流动人口日常读书、看报、学习情况比较平均，一半的人会选择日常读书、看报、学习，另一半的人不会选择日常读书、看报、学习。

表4—17　　流动人口日常读书、看报、学习情况　　单位：%

户口类型	读书、看报、学习情况		合计
	是	否	
农业流动人口	43.0	57.0	100.0
非农业流动人口	71.9	28.1	100.0
合计	50.9	49.1	100.0

资料来源：根据2012年北京市流动人口监测数据计算。

与表4—16数据相似的还有，农业流动人口与非农业流动人口在日常读书、看报、学习情况方面的差距较大，农业流动人口日常读书、看报、学习的比例为43%，非农业流动人口日常读书、看报、学习的比例为71.9%。更多的非农业流动人口日常会读书、看报、学习，这与非农业流动人口从事较高职业有一定关系，他们中有更多的人从事的是非体力工作。

5．参加文艺、体育活动

根据表4—18的数据，流动人口日常参加文艺、体育活动的比例是22.6%，参加人数的比例很低。农业流动人口比非农业流动人口日常参加文艺、体育活动的比例更低，仅为16.4%。而非农业流动人口日常参加文艺、体育活动的比例为39.1%。

表4—18　　流动人口日常参加文艺、体育活动情况　　单位：%

户口类型	参加文艺、体育活动情况		合计
	是	否	
农业流动人口	16.4	83.6	100.0
非农业流动人口	39.1	60.9	100.0
合计	22.6	77.4	100.0

资料来源：根据2012年北京市流动人口监测数据计算。

6．吸烟

从表4—19的数据中可以看出，流动人口日常吸烟较少，只有22.4%的流动人口日常会吸烟，77.6%的流动人口日常不会吸烟。无论是农业流动人口还是非农业流动人口，有日常吸烟情况的都较少，24.7%的农业流动人口日常会吸烟，16.3%的非农业流动人口日常会吸烟，相比较而言，非农业流动人口的吸烟情况更少。

表4—19　　流动人口日常吸烟情况　　单位：%

户口类型	吸烟情况		合计
	是	否	
农业流动人口	24.7	75.3	100.0
非农业流动人口	16.3	83.7	100.0
合计	22.4	77.6	100.0

资料来源：根据2012年北京市流动人口监测数据计算。

三、流动人口的心理融合状况

流动人口的城市生活感受是社会融合的重要内容。以上对该群体城市工作、生活、休闲、居住和社区参与状况等的分析，都是该群体融入城市社会的客观层面的研究。而流动群体对流入地的主观感受和与本地居民之间的社会距离，是流动群体城市融合研究中不可缺失的内容。长期的城市生活，已经改变流动群体仅以打工为目的过客心态。流动群体身份认同的转变以及与流入地居民社会距离的缩小，都会使得流动个体在行为方式上产生变化，行动上将体现为他们在流入地安居立业，参与当地社区活动，并进一步获得深层次的满足感。接下来，我们将从流动人口对于流入地城市、流入地居民和流动人口自身的融入意愿三个方面了解流动人口的城市生活感受。

（一）流动人口对于流入地的看法

1．是否喜欢流入地

关于流动人口对流入地的喜欢程度，调查问卷共分为四个选项：完全不同意、不同意、基本同意、完全同意。由表4—20我们看到，53.7%的流动

人口对于“喜欢现居住城市”表示基本同意，43.4%的流动人口对于“喜欢现居住城市”表示完全同意；而只有1.9%的流动人口对于“喜欢现居住城市”表示不同意，1%的流动人口对于“喜欢现居住城市”表示完全不同意。可以看出，97%的流动人口基本喜欢现居住的城市。对于流动人口“喜欢现居住城市”的程度，农业流动人口与非农业流动人口无太大差别。

表4—20　　流动人口对现居住城市的喜欢程度　　单位：%

户口类型	喜欢现居住城市				合计
	完全不同意	不同意	基本同意	完全同意	
农业流动人口	1.1	1.6	54.6	42.6	100.0
非农业流动人口	0.8	2.5	51.2	45.4	100.0
合计	1.0	1.9	53.7	43.4	100.0

资料来源：根据2012年北京市流动人口监测数据计算。

2．是否关注现居住城市的变化

关于流动人口对流入地的关注程度，调查问卷共分为四个选项：完全不同意、不同意、基本同意、完全同意。根据表4—21的数据，53.3%的流动人口对“关注现居住城市”表示基本同意，42.3%的流动人口对于“关注现居住城市”表示完全同意；而只有3.6%的流动人口对于“关注现居住城市”表示不同意，0.9%的流动人口对于“关注现居住城市”表示完全不同意。可见，将近一半的流动人口都对关注居住城市表示基本同意。

表4—21　　流动人口对现居住城市的关注程度　　单位：%

户口类型	关注现居住城市				合计
	完全不同意	不同意	基本同意	完全同意	
农业流动人口	0.9	3.8	55.1	40.2	100.0
非农业流动人口	0.8	3.0	48.3	47.9	100.0
合计	0.9	3.6	53.3	42.3	100.0

资料来源：根据2012年北京市流动人口监测数据计算。

对流入地的关注程度，农业流动人口与非农业流动人口差别不大。与表4—20相似，超过95%的农业和非农业流动人口表示关注现在自己居住的城市。

（二）流动人口对于本地人的看法

关于流动人口对于本地人的看法，根据表 4—22 的数据，45.1% 的流动人口对于“本地人看不起外地人”这一观点表示不同意，15.3% 表示完全不同意。但却有 31.4% 的流动人口对于“本地人看不起外地人”这一观点表示基本同意，8.1% 的流动人口对于“本地人看不起外地人”这一观点表示完全同意。可以看出，40% 的流动人口认为本地人看不起外地人。与流动人口对现居住城市的喜欢程度和对现居住城市的关注程度（见表 4—20 和表 4—21）相比较，流动人口在“本地人看不起外地人”这一问题上分歧较大，或者说他们喜欢北京，关注这个城市的变化，但却感受到自己作为外来者的一种压力。

关于本地人看不起外地人这一问题，32.7% 的农业流动人口对于“本地人看不起外地人”这一观点表示基本同意，8.9% 的农业流动人口对于“本地人看不起外地人”这一观点表示完全同意；28% 的非农业流动人口对于“本地人看不起外地人”这一观点表示基本同意，6.2% 的非农业流动人口对于“本地人看不起外地人”这一观点表示完全同意（见表 4—22）。农业流动人口相比较非农业流动人口，感受到的排斥更强烈，农业流动人口有超过 41% 的人感受到北京本地人看不起外地人，而非农业流动人口仅 32% 的人感受到北京本地居民看不起外地人。

表 4—22　　流动人口对本地人看不起外地人的看法　　单位：%

户口类型	本地人看不起外地人				合计
	完全不同意	不同意	基本同意	完全同意	
农业流动人口	14.8	43.6	32.7	8.9	100.0
非农业流动人口	16.6	49.2	28.0	6.2	100.0
合计	15.3	45.1	31.4	8.1	100.0

资料来源：根据 2012 年北京市流动人口监测数据计算。

（三）流动人口的融入意愿

1．是否愿意融入

对于流动人口融入北京的意愿问题，根据表 4—23 的数据，49.2% 的流

动人口表示“基本愿意”融入北京，46.4% 的流动人口表示“完全愿意”融入北京。而“不愿意”和“完全不愿意”融入北京的只有 4.4%，表示“完全不愿意”融入北京的有 1%。可以看出，95% 以上的流动人口愿意融入北京，而且农业流动人口与非农业流动人口的态度非常一致。

表 4—23　　流动人口融入北京的意愿　　单位：%

户口类型	融入北京的意愿				合计
	完全不愿意	不愿意	基本愿意	完全愿意	
农业流动人口	1.0	3.7	50.2	45.1	100.0
非农业流动人口	1.1	2.4	46.6	49.9	100.0
合计	1.0	3.4	49.2	46.4	100.0

资料来源：根据 2012 年北京市流动人口监测数据计算。

2．流动人口的幸福感

关于流动人口的幸福感问题，根据表 4—24 的数据，45.6% 的流动人口认为自己是“幸福”的，41.2% 的流动人口认为自己幸福感“一般”，11% 的流动人口认为自己“很幸福”；只有 1.8% 的流动人口认为自己“不幸福”，0.4% 的流动人口认为自己“很不幸福”。从总体上看，仅有一半的流动人口感觉自己目前的生活是幸福的，这一比例为 56.6%，尽管感觉自己不幸福的比例非常低（2.2%），但是有 41.2% 的人并未感觉自己目前的生活是幸福还是不幸福。

表 4—24　　流动人口的幸福感　　单位：%

户口类型	幸福感					合计
	很幸福	幸福	一般	不幸福	很不幸福	
农业流动人口	10.1	45.1	42.7	1.8	0.4	100.0
非农业流动人口	13.6	47.0	37.2	1.6	0.6	100.0
合计	11.0	45.6	41.2	1.8	0.4	100.0

资料来源：根据 2012 年北京市流动人口监测数据计算。

相比较而言，非农业流动人口的幸福感要高于农业流动人口。45.1% 的农业流动人口感觉自己是“幸福”的，47% 的非农业流动人口感觉自己是

"幸福"的；10.1%的农业流动人口感觉自己"很幸福"，13.6%的非农业流动人口感觉自己"很幸福"。

3．流动人口的户口迁入问题

根据表4—25的数据，平均50.4%的流动人口表示愿意将户口迁入北京，25.8%的流动人口表示没有想好，仍有23.8%的流动人口表示不愿意将户口迁入。其中，愿意将户口迁入北京的农业流动人口所占比例为48%，愿意将户口迁入北京的非农业流动人口所占比例为64.4%，非农业流动人口比农业流动人口更愿意将自己的户口迁入北京。由此可以看出，绝大多数的流动人口愿意将自己的户口迁入北京。

表4—25　　流动人口的户口迁入北京的意愿　　单位：%

户口类型	户口迁入北京的意愿			合计
	愿意	不愿意	没想好	
农业流动人口	48.0	25.1	26.9	100.0
非农业流动人口	64.4	16.2	19.4	100.0
合计	50.4	23.8	25.8	100.0

资料来源：根据2012年北京市流动人口监测数据计算。

4．是否有长期居住在北京的打算

根据表4—26的数据，58%的流动人口有在本地长期居住的打算，28.2%的流动人口表示没有想好，而13.7%的流动人口没有在本地长期居住的打算。有长期居住打算的农业流动人口有56.2%，非农业流动人口有68.9%，相比较而言，更多的非农业流动人口有长期居住在北京的打算。

表4—26　　流动人口的长期居住打算　　单位：%

户口类型	长期居住打算			合计
	打算	不打算	没想好	
农业流动人口	56.2	14.3	29.5	100.0
非农业流动人口	68.9	10.3	20.8	100.0
合计	58.0	13.7	28.2	100.0

资料来源：根据2012年北京市流动人口监测数据计算。

四、流动人口家庭生活状况

由第二章内容我们了解到，91.8% 的流动人口配偶同他们一起在北京工作，他们中的很多家庭还将未成年子女带到北京共同生活。在这一节中，我们将对这些家庭的月收入状况以及他们在京住房、食物等各类支出状况进行分析。一是了解这个群体在京的生活水平，二是了解他们是否将主要收入寄回老家。我们关注他们的生活重心在哪里，是在北京还是在家乡，这对于该群体融入城市生活非常重要。

（一）家庭月总收入情况

我们将流动人口的家庭收入，按 500 元递增划分为 15 个档次后（见表 4—27），流动人口家庭月收入在 1 500 元及以下和 20 001 元以上的都非常少。收入分布较集中的是 4 001 ～ 5 000 元、3 501 ～ 4 000 元、2 501 ～ 3 000 元和 5 001 ～ 6 000 元，这四个收入区间的家庭所占比例分别为 18.7%、11.8%、12.6% 和 11.1%。收入在 2 501 ～ 6 000 元之间的家庭占 60.3%，2 500 元收入水平以下的家庭占 18.5%，6 000 元以上收入的家庭占 21.3%。其中，农业流动人口家庭月收入明显低于非农流动人口家庭，农业流动人口家庭收入在 2 500 元以下的占 19.4%，非农业流动家庭的这一比例为 13.0%；农业流动人口家庭收入在 2 501 ～ 6 000 元之间的家庭占 61.9%，而非农业流动人口家庭这一比例为 49.7%；收入在 6 000 元以上的农业流动人口家庭占 18.7%，而非农业流动人口家庭这一比例为 37.3%。

表 4—27　　流动人口家庭月总收入状况　　单位：%

家庭月收入	农业户籍	非农业户籍	合计
1 500元及以下	3.2	2.5	3.1
1 501 ~ 2 000元	8.7	5.9	8.3
2 001 ~ 2 500元	7.5	4.6	7.1
2 501 ~ 3 000元	13.2	9.3	12.6
3 001 ~ 3 500元	6.3	4.7	6.1

续表

家庭月收入	农业户籍	非农业户籍	合计
3 501 ~ 4 000元	12.2	9.0	11.8
4 001 ~ 5 000元	19.1	16.0	18.7
5 001 ~ 6 000元	11.1	10.7	11.1
6 001 ~ 7 000元	5.3	6.0	5.4
7 001 ~ 8 000元	4.7	7.1	5.0
8 001 ~ 9 000元	1.3	2.1	1.4
9 001 ~ 10 000元	3.2	8.8	4.0
10 001 ~ 15 000元	1.9	6.1	2.5
15 001 ~ 20 000元	1.1	3.8	1.5
20 001元以上	1.2	3.4	1.5
合计	100.0	100.0	100.0

资料来源：根据 2012 年北京市流动人口监测数据计算。

（二）家庭各类月支出情况

1. 每月缴纳房租费用

从表 4—28 的数据中可以看出，22.6% 的流动人口不缴纳房租，这类人群一般是住在工作场所或者是雇主提供的住处。如餐饮、理发和建筑工，有的住工地简易房，有的住在店面房，也有的住雇主提供的宿舍。此外，从表 4—28 中可以看到，所缴纳房租在 300 元以下的流动人口比例最高为 37.6%；其次是缴纳 301 ~ 700 元的，这部分流动人口所占比例为 23.4%；再次是缴纳 701 ~ 1 000 元房租的人群，占 7.5%。相比之下，农业流动人口所租住的房屋比非农业流动人口要便宜很多，有 65.1% 的农业流动人口租住房屋的价格在 700 元以下，而非农业流动人口仅 36.5% 的人租住这类价格的房屋。在所有各类缴纳房租的住房中，农业流动人口占比最多的是 1 ~ 300 元的住房，比例为 41%，而非农业流动人口租住此类房屋的比例仅为 16.9%。非农业流动人口缴纳房租较多集中在 301 ~ 700 元之间，占 19.6%。

表 4—28 流动家庭缴纳房租情况 单位：%

缴纳房租情况	农业流动人口	非农业流动人口	合计
无房租	19.9	38.4	22.6
1～300元	41.0	16.9	37.6
301～700元	24.1	19.6	23.4
701～1 000元	7.2	9.4	7.5
1 001～1 500元	3.9	6.7	4.3
1 501～2 000元	1.9	4.2	2.2
2 001～3 000元	1.2	3.3	1.5
3 001～5 000元	0.6	1.3	0.7
5 001～7 000元	0.1	0.1	0.1
7 001～9 000元	0	0.1	0
9 001元以上	0	0	0
合计	100.0	100.0	100.0

资料来源：根据 2012 年北京市流动人口监测数据计算。

2. 每月食品支出情况

根据表 4—29 的数据，流动人口每月食品支出在 500 元及以下的有 22.6%，在 501～1 000 元之间的有 36.6%，在 1 001～1 500 元之间的有 18.7%，在 1 501～2 000 元之间的有 13.6%。有一半以上的流动人口的月食品支出在 1 000 元以下。

表 4—29 流动家庭每月食品支出情况 单位：%

支出额	农业流动人口	非农业流动人口	合计
500元及以下	23.7	16.1	22.6
501～1 000元	37.4	32.3	36.6
1 001～1 500元	19.0	17.1	18.7
1 501～2 000元	12.8	18.3	13.6
2 001～3 000元	5.9	12.0	6.7
3 001～5 000元	1.2	3.8	1.6
5 001元以上	0.1	0.4	0.2
合计	100.0	100.0	100.0

资料来源：根据 2012 年北京市流动人口监测数据计算。

对比农业流动人口与非农业流动人口可以看到，他们的月食品支出有明显的差距，除在 501 ~ 1 000 元之间分布都较多之外，非农业流动人口食品支出在 1 500 元以上的比例高于农业流动人口。

3．过去一年寄回或带回老家的钱或物的情况

根据表 4—30 的数据，在流动人口过去一年中寄回或带回老家的钱或物的分布中，未寄回或带回老家的比例最高，为 26.6%；其次有 13.6% 的人给老家寄回或带回 3 001 ~ 5 000 元。未寄（带）钱和寄（带）钱 5 000 元以下的比例共占 67.2%，带钱或寄钱 7 000 元以上的比例仅占 28.4%。

表 4—30　　过去一年寄回或带回老家的钱（物）　　单位：%

年收入寄回老家	农业流动人口	非农业流动人口	合计
未寄钱	26.1	29.6	26.6
1 000元及以下	10.4	8.4	10.1
1 001 ~ 2 000元	10.1	9.9	10.0
2 001 ~ 3 000元	7.0	6.5	6.9
3 001 ~ 5 000元	13.5	14.2	13.6
5 001 ~ 7 000元	4.4	4.0	4.3
7 001 ~ 10 000元	13.0	13.9	13.1
10 001 ~ 15 000元	4.2	2.7	4.0
15 001 ~ 20 000元	6.0	6.0	6.0
20 001 ~ 25 000元	1.0	0.6	0.9
25 001元以上	4.4	4.4	4.4
合计	100.0	100.0	100.0

资料来源：根据 2012 年北京市流动人口监测数据计算。

农业流动人口与非农业流动人口在带钱或寄钱回老家的分布上无太大区别，只有在未寄钱的比例上，非农业流动人口占 29.6%，农业流动人口占 26.1%，非农业流动人口高于农业流动人口的比例。

4．家庭月总支出情况

根据表 4—31 的数据，流动人口家庭月支出在 500 元及以下的有 2.5%，501 ~ 1 000 元的有 16.1%，1 001 ~ 1 500 元的有 21.1%，1 501 ~ 2 000 元的

有 25.5%，2 001 ~ 2 500 元的有 13.3%，2 501 ~ 3 500 元的有 21.6%。可以看出，流动人口家庭月支出最多的是 1 501 ~ 2 000 元，其次是 2 501 ~ 3 500 元，再次是 1 001 ~ 1 500 元。家庭月支出在 2 000 元以下的家庭占 65.2%。

表 4—31　　流动家庭每月总支出分布　　单位：%

每月支出	农业流动人口	非农业流动人口	合计
500元及以下	2.5	2.0	2.5
501 ~ 1 000元	16.5	12.7	16.1
1 001 ~ 1 500元	21.7	17.1	21.1
1 501 ~ 2 000元	25.5	25.3	25.5
2 001 ~ 2 500元	13.3	13.5	13.3
2 501 ~ 3 500元	20.5	29.4	21.6
合计	100.0	100.0	100.0

资料来源：根据 2012 年北京市流动人口监测数据计算。

农业流动人口家庭月支出在低水平上的比例高于非农业流动人口家庭。具体表现为：在月支出 1 500 元水平下，农业流动人口家庭占 40.7%，非农业流动人口家庭占 31.8%。农业流动人口家庭月支出为 2 501 ~ 3 500 元的有 20.5%，而非农业流动人口家庭月支出为 2 501 ~ 3 500 元的有 29.4%。而且我们调查发现，农业流动人口家庭规模一般大于非农业流动人口家庭规模。

（三）流动人口的家庭重心在哪里

20 世纪 90 年代以前，流动人口多以过客心态在城市打工。但进入 2000 年以后，流动人口以家庭为单位的流动比例大幅度增加。那么，流动人口是以老家为重心还是以流入地为重心？这次监测数据显示，对刚过去的春节，68.9% 的流动人口回答最近这个春节是回老家过的，农业流动人口与非农业流动人口没有区别。但从上面的分析中我们发现，超过一半的流动人口打算长久居住在北京，而且有超过 1/4 的流动人口在过去一年内没有往老家寄过或带过钱物。即便给老家寄钱，数额也不大。而且超过 67% 的人寄钱的数额在 5 000 元之内。表 4—32 给出了流动人口家庭在京的收入与支出统计值。假如以均值代表各支出和收入的状况，可以看到租房月支出占月收入的 8%，食品支出占月收入的 21%，家庭每月总支出占月收入的 47%，实际上每月还应有 2 700 元左右的剩余。考虑到打工者因换工作或生病或事假不能整年打工而按 11 个月计算，流动家庭全年应有 29 700 元的剩余，那么寄回老家的钱物仅占打工剩余的 20% 左右。这说明打工家庭只将 1/5 的打工剩余的钱转回老家，而其他的钱则留在自己身边。最有可能的情况是，老家可能没有什么亲人，不需要寄很多钱回家。至少我们可以推断，他们的妻子、儿女可能都不在老家，而是和打工者在一起，而且他们近期没有回老家的打算。从绝大多数流动人口春节回家可以推断出，在老家的亲人很可能只有他们年迈的父母。因在城市居住和生活费用高，老年人不愿意拖累他们的子女而留在老家。因此，我们认为流动人口的生活重心在城市，他们希望在这里生活和工作，却又不能不顾及家乡的父母，所以他们春节一定返回家乡，平时会寄一些钱孝敬父母。

表 4—32　　流动人口家庭收入和支出的相关统计值　　单位：元

统计值	均值	中位数	众数	最大值
您家或您每月缴纳住房房租多少钱	414.73	250	0	10 000
您家在本地每月食品支出多少钱	1 113.50	1 000	1 000	10 000
您家在本地每月总支出多少钱	2 543.35	2 000	2 000	90 000
过去一年您寄回或带回老家的钱（物）合计多少钱	6 207.37	3 000	0	99 900
您家在本地每月总收入多少钱	5 422.89	4 200	5 000	99 000

资料来源：根据 2012 年北京市流动人口监测数据计算。

五、小结

本章从流动人口的经济适应、社会适应和心理融合三个层面分析了来京的流动人口的城市适应状况。依据以上分析我们发现，流动人口呈现出较低的融入状态。具体表现为：

第一，流动人口平均工资偏低。根据《北京市人力资源和社会保障局、北京市统计局关于公布 2012 年度北京市职工平均工资的通知》（京人社规发〔2013〕87 号），2012 年度北京市职工月平均工资为 5 223 元，而农业流动人口平均工资仅为 3 018 元，非农业流动人口为 4 018 元，均低于北京职工平均

工资水平，而且农业流动人口差距较大。

第二，流动人口居住不稳定。流动人口中仅有 12.8% 的人购买了自己的住房，而有 52% 的人租住私房、单位房或雇主的房子。其他人居住在借住房、就业场所、非正规住所或是单位雇主提供的免费住房。尽管这个群体的收入很低，但很少有流动人口居住在北京市的廉租房内，相关的住房保障并未惠及这个群体。此外，融入状况较低还表现为流动人口的工作时间超长，特别是农业流动人口超出常规的劳动时间，而回报却很低。并且，他们大部分人缺少城镇职工医疗保险。

第三，流动人口社区参与程度较低。我们的分析发现，超过 60% 的流动人口不参与社区的文体活动、社会公益活动和健康教育活动，而不参与选举活动的流动人口比例高达 90% 以上。流动人口的城市融入程度较低，还表现为他们日常交往的本地居民的比例较少，总体上与本地居民交往的比例不足 1/3。其中，非农业流动人口与本地人交往的比例在 34% 左右，而农业流动人口与本地人的交往比例仅为 16%。由此可知，流动人口的跨越型社会资本积累有限，特别是农业流动人口基本上是整合型的社会资本，交往对象是同乡的居多。

第四，流动人口的心理融合呈现出一种单向度的融合趋势。无论是农业流动人口还是非农业流动人口，90% 的人都喜欢北京，关注这个城市的变化并愿意融入北京，而且 70% 以上的人打算长期居住在北京并希望能将户口迁入北京。但是，他们之中又有 40% 的人感觉北京人瞧不起外地人（农业流动人口的这一比例更高）。我们认为这是一种一厢情愿的融入，或称为单向度的融合。

从上面的分析我们可以看到，流动人口经济融合程度和社区融合程度都非常有限，而且他们的保障状况也与本地人存在很大差别，尽管有 1/3 的人感受到被歧视，但是他们仍然期望长久居住在这里。

第五章
影响流动人口城市融合的模型分析

由第四章分析可以看出，流动人口因个体、群体等方面的原因，他们在职业选择、收入、居住等方面存在较大的差异，他们的社会地位亦有较大的不同。这些差异是如何影响他们收入的？制度因素和市场因素与个体因素相结合，又是如何影响他们城市融合的？我们将用定量回归模型对此进行分析。

一、影响流动人口收入的模型分析

我们认为，个体收入首先与其市场能力有直接关系。个体的受教育年限一般表示他的人力资本存量，标志着他在市场中的竞争力。其次，个体收入还与制度环境有关，特别是就业政策、住房政策等劳动与保障性政策，对其工作选择有直接的影响。因为流动到大城市的外来者，他们在居住就业等方面的保障条件，会影响他们对工作的选择。当基本的生活和居住不能满足时，他们会降低对工作的要求，不仅是工作内容还有相应的工作回报——收入。这与我们之前的分析非常吻合，比如外来流动者的就业率很高（第三章分析发现），而平均工资收入水平很低（第四章分析发现）。除此之外，他们工作时间的长短、来京时间、年龄和性别等因素，也会影响外来者的收入水平。由此，我们提出如下研究假设：

假设 1：个体的收入水平与其受教育程度有关，因为受教育状况代表其人力资本水平，标志着个体在市场中的竞争能力。

假设 2：个体的户籍类型影响他们的收入水平。农村相对于城市其保障

水平较低、保障不健全，因此农村户籍的流动者在城市要想生存下去，只能接受劳动强度大、工作环境恶劣和收入低的工作，诸如环卫工、建筑工等职业，基本已经成为农村户籍流入者的职业。

假设 3：个人在城市的社会化程度，与他们在城市中的生活时间、年龄和性别有关。这种阅历有利于他们获得较高收入的工作。

依据上述假设，我们建立以流动人口收入为被解释变量的多元回归方程，如下：

$$Y_{收入}=a+b_1X_{受教育年限}+b_2X_{在京时间}+b_3X_{有无医保}+b_4X_{性别}+b_5X_{户口类型}+b_6X_{年龄}+b_7X_{已婚或未婚}+\varepsilon$$

运用 SPSS 统计软件计算得知，上述多元回归模型统计显著（见表 5—1），回归模型的各系数值见表 5—2。

表 5—1　　模型的方差检验 ANOVA

Model	Sum of Squares	df	Mean Square	F	Sig.
Regression	7.333E10	7	1.048E10	1 271.969	0.000
Residual	1.087E12	131 921	8 236 259.502		
Total	1.160E12	131 928			

表 5—2　　收入作为因变量的各解释变量的回归系数 Coefficients

解释变量	非标准化系数		标准化系数	t	Sig.
	系数B	Std. Error	Beta		
常数项	1 845.533	67.165	—	27.478	0.000
受教育年限	155.128	3.252	0.154	47.705	0.000
在京时间	30.618	1.871	0.046	16.363	0.000
有医保或无医保	–2.650	18.329	0.000	–0.145	0.885
性别变量	673.453	16.192	0.112	41.591	0.000
城市户口或农村户口	–608.595	25.298	–0.072	–24.057	0.000
年龄	0.559	1.190	0.002	0.469	0.639
婚姻状态	–860.220	23.304	–0.124	–36.913	0.000

由表 5—2 的统计检验值（t）可以看出，受教育年限、在京时间、性别、户口类型、婚姻状态变量的统计检验显著，表明这些变量满足作为解释变量的必要条件。而有无医保和个体的年龄统计检验不显著，因此对收入的解释不能成立。

由表 5—2 可以看出，外来者的收入水平与性别、婚姻状态、受教育年限、在京时间和户籍类型有关，根据模型我们可以得到如下解释：

（1）受教育年限每增加 1 年，收入将增加 155 元。在京时间每增加 1 年，收入将增加 30.6 元。显然，受教育年限对收入的增加作用非常显著。

（2）模型中的户籍类型、性别和婚姻状态为分类变量。户籍类型变量是以非农业户籍为参照（设为 0），回归系数表示农业户籍相对于非农业户籍的收入差距。由此我们看到，农业户籍的流动人口相对于非农业户籍的流动人口，收入要低 608.6 元。

（3）性别变量是以女性为参照，由回归系数可知，男性流动人口相对于女性流动人口的收入要多 673 元。

（4）婚姻状态是以已婚为参照（设为 0），未婚者相对已婚者的收入要少 860 元。

综上所述，我们发现假设 1 和假设 2 被证实，而假设 3 的来京时间和性别变量对收入有显著影响，但流入者的年龄对收入水平的影响并不显著。这说明进入城市后的社会化过程，特别是在城市的适应过程对流动人口收入增加有显著影响。

模型另外的重要发现是，假如将流动人群分为男性群体和女性群体，那么男性的平均收入远远高于女性。这一结果表明，流动人口男性的职业地位高于女性的职业地位。同理，若将流动人口分为已婚与未婚两个群体，我们发现未婚群体的收入水平要低于已婚群体的收入水平。

通过上面的模型我们可以得到，流动人口的经济融合主要受到其人力资本水平和制度环境（户籍类别）因素的影响。但这二者对收入的影响力大小

是不相同的，户籍类型所导致的收入水平的差距比人力资本水平的影响更大（参照回归系数的绝对值得出）。

二、流动人口城市融合影响因素模型

流动人口的城市融合是指他们在经济、社会和心理三个层面适应城市生活的过程。王桂新等学者提出，农民工的城市融合一般可从两个角度考察：一是考察其市民化程度，看其市民化“达到了什么水平”；二是考察其与城市居民的社会距离，看其距离市民“还有多大的差距”（王桂新等，2008①；王桂新等，2011②）。

根据第一种视角，他考察了上海城市农民工的市民化水平，发现2006年上海农民工总体上已达到54%的市民化水平，尤其是其社会关系、心理认同等非物质维度的市民化都已接近60%。根据第二种视角，他们选择从群体同质性和个体异质性角度分析造成社会距离的因素。他们认为群体同质性通过同群效应（peer effect）实现，个体异质性表现为个人社会资本（social capital）的差异。

李培林和田丰的研究认为③，农民工社会融入的经济—社会—心理—身份四个层次不存在递进关系，经济层次的融入不必然带来其他层次的融入。新生代农民工的融入状况与老一代农民工相比没有根本差异（李培林，田丰，2012）。

综合诸多有关农民工和流动人口城市融合的研究，我们发现研究者普遍认为人力资本、社会资本和政策制度是影响农民工或流动人口融入城市的最主要原因。而且从他们的讨论中还可以看到，人力资本和社会资本是最受关注的农民工城市社会融入的影响因素。

（一）研究思路与研究假设

问卷设计中除了收入职业等信息外，还有流动人口的社区活动参与状况

① 王桂新，沈建法，刘建波．中国城市农民工市民化研究——以上海为例［J］．人口与发展，2008（1）．

② 王桂新，武俊奎．城市农民工与本地居民社会距离的影响因素分析［J］．社会学研究，2011（2）．

③ 李培林，田丰．中国农民工社会融入的代际比较［J］．社会，2012（5）．

和城市融合意愿的主观问题。从第四章分析中我们发现，流动人口整体上的社区参与状况较差，70% 以上的人从未参加社区文体活动、选举活动等相关活动。但在城市融合意愿上，表现出强烈的城市融合倾向。他们一方面愿意融入工作所在地的城市，但另一方面却感受到来自城市的排斥。在融合的主观意愿中，选择“我感觉本地人总是看不起外地人”作为他们城市融合现状的感受与描述，定义其为排斥感，并将“排斥感”作为因变量。我们将排斥感与流动人口的多个变量做相关分析和交叉表分析后发现，“社会资本”“收入状况”“人群差异”“有无医保”“职业地位”“户籍类型”“受教育程度”“在京时间”“性别”和“每周工作时间”等变量与排斥感存在相关关系（此处省略相关检验表和交叉表）。结合文献提供的线索和第四章的研究内容，可以提出如下研究假设：

假设 1：社会资本有助于缩小社会距离，减少社会排斥感。特别是与本地人的频繁交往，有助于减少两个群体之间的社会距离，加强对彼此的理解。同时也表明流动人口的社会网络在城市中得到扩展。

假设 2：流动人口的人力资本水平有助于他们的城市融合。在此我们将受教育程度分为小学及以下、初中、高中或中专、大学专科和本科以上四个等级。我们认为，大学专科及本科以上学历者，他们的城市融合状况可能好于其他受教育程度的外来人口，因此他们可能较少感受到社会排斥。

假设 3：流入地的相关保障政策对流动人口城市融合具有很大影响，他们会因为政策有意识地、有选择性地向本地居民提供福利或保护本地居民而感受到社会排斥。与此相关的变量是户籍类型和在本地是否有医保。

假设 4：流动群体还会因代际不同对流入地具有不同的期望。特别是年轻一代的流入者，他们非常期望成为城市中的一员，因此在工作、生活以及休闲等方面的选择与老一代存在较大差异，他们感受到的排斥会不同于老一代人。我们将年龄群分为 15 ~ 32 岁、33 ~ 42 岁和 43 ~ 59 岁。这三个群体正好是 80 后、70 后和 60 后或 50 后。

假设 5：职业地位越高的群体，社会融合状况越好，他们的社会排斥感越弱。在第三章中我们将流动人口的职业地位分为高职业地位、中高职业地位、中低职业地位和低职业地位四个等级，在模型中我们将对比职业地位不同群体的社会排斥感。

（二）模型建立

我们将“社会排斥感”“我感觉本地人总是看不起外地人”作为因变量 y_i，值为“1”表示同意，值为“0”表示不同意。将“社会资本”“收入状况”“人群差异”“有无医保”“职业地位”“户籍类型”“受教育程度”“在京时间”“性别”和“每周工作时间”作为解释变量，建立二项逻辑回归模型：

$$\text{Logit}(y_i)=\beta_0+\beta_1X_{\text{受教育程度}}+\beta_2X_{\text{职业地位}}+\beta_3X_{\text{年龄群}}+\beta_4X_{\text{社会资本}}+\beta_5X_{\text{户籍类型}}+\beta_6X_{\text{性别}}+\beta_7X_{\text{在京时间}}+\beta_8X_{\text{上月收入}}+\beta_9X_{\text{每周工作时间}}+\beta_{10}X_{\text{有无医保}}$$

因回归方程中有很多解释变量为分类或定序变量，需要重新定义，各分类变量被重新定义后见表 5—3，各分类或定序变量都有不同的参照值。受教育程度是以大学专科以上为参照，职业地位以低职业地位为参照，年龄群以 43 ~ 59 岁群为参照，社会资本以很少与人往来为参照，户籍类型以农村户口为参照，性别以男性为参照，有无医保以有医保为参照。

表 5—3　　分类变量的重新定义

分类变量	类别	Frequency	Parameter coding		
			（1）	（2）	（3）
受教育程度	小学及以下	19 742	1.000	0.000	0.000
	初中	68 734	0.000	1.000	0.000
	高中或中专	27 614	0.000	0.000	1.000
	大学专科以上	12 661	0.000	0.000	0.000
职业地位	高职业地位	9 728	1.000	0.000	0.000
	中高职业地位	24 568	0.000	1.000	0.000
	中低职业地位	50 677	0.000	0.000	1.000
	低职业地位	43 778	0.000	0.000	0.000

续表

分类变量	类别	Frequency	Parameter coding		
			（1）	（2）	（3）
年龄群	15～32岁	62 921	1.000	0.000	
	33～42岁	43 157	0.000	1.000	
	43～59岁	22 673	0.000	0.000	
社会资本	户口在本地的同乡或本地人	50 701	1.000	0.000	
	户口在外地的同乡或其他外乡人	65 498	0.000	1.000	
	很少与人往来	12 552	0.000	0.000	
城市户口或农村户口	非农业	20 206	1.000		
	农业	108 545	0.000		
性别变量	女性	52 343	1.000		
	男性	76 408	0.000		
有医保或无医保	无医保	100 709	1.000		
	有医保	28 042	0.000		

利用SPSS统计软件建立二项逻辑回归模型。模型拟合结果见表5—4和表5—5，Nagelkerke R Square>0.019，Hosmer and Lemeshow的符号检验Sig.>0.071，表明模型拟合效果较好，统计显著。

表5—4　　　　最终模型的拟合优度检验

Step	–2 Log likelihood	Cox & Snell R Square	Nagelkerke R Square
1	153 527.823	0.013	0.019

表5—5　　　　Hosmer and Lemeshow检验表

Step	Chi-square	df	Sig.
1	14.447	8	0.071

表5—6为模型各解释变量的回归系数和各解释变量的统计检验情况。由表5—6可以看出，各解释变量基本满足符号检验（< 0.05），模型解释有效。

根据表 5—6 的参数值，回归模型可表示为：

$$\text{Log}(p_1/p_0)=-1.26-0.531\text{社会资本}(1)-0.104\text{社会资本}(2)+0.023\text{在京时间}-0.155\text{有医保或无医保}(1)+0.027\text{性别变量}(1)+0.134\text{年龄群}(1)+0.13\text{年龄群}(2)-0.044\text{城市户口或农村户口}(1)-0.109\text{职业等级}(1)-0.183\text{职业等级}(2)-0.045\text{职业等级}(3)+0.000\text{上个月的收入}+0.039\text{每周工作小时}+0.139\text{受教育程度}(1)+0.112\text{受教育程度}(2)+0.128\text{受教育程度}(3)$$

其中，p_1 为对排斥感表示同意（y_i=1）取值 1 的概率，p_0 为对排斥感表示不同意（y_i=0）取值 0 的概率。方程右边为各解释变量。

表 5—6　　模型参数值

	B	S.E.	Wald	df	Sig.	Exp（B）
社会资本			893.090	2	0.000	
社会资本（1）	-0.531	0.023	526.231	1	0.000	0.588
社会资本（2）	-0.104	0.021	25.141	1	0.000	0.902
在京时间	0.023	0.001	251.635	1	0.000	1.023
有医保或无医保（1）	-0.155	0.015	109.249	1	0.000	0.856
性别变量（1）	0.027	0.013	4.430	1	0.035	1.028
年龄群			79.992	2	0.000	
年龄群（1）	0.134	0.020	44.317	1	0.000	1.144
年龄群（2）	0.013	0.020	0.407	1	0.523	1.013
城市户口或农村户口（1）	-0.044	0.021	4.451	1	0.035	0.957
职业等级			89.722	3	0.000	
职业等级（1）	-0.109	0.025	19.002	1	0.000	0.896
职业等级（2）	-0.183	0.020	82.700	1	0.000	0.833
职业等级（3）	-0.045	0.015	9.191	1	0.002	0.956
上个月的收入	0.000	0.000	11.066	1	0.001	1.000
每周工作小时	0.039	0.003	131.956	1	0.000	1.040
受教育程度			25.442	3	0.000	
受教育程度（1）	0.139	0.032	19.017	1	0.000	1.149
受教育程度（2）	0.112	0.027	17.829	1	0.000	1.119
受教育程度（3）	0.128	0.026	23.595	1	0.000	1.136
Constant	-1.260	0.049	671.029	1	0.000	0.284

（三）对模型参数的解释

1. 社会资本

在模型中，社会资本变量统计检验显著。社会资本（1）和社会资本（2）分别表示，交往最多的为“户口在本地的同乡或其他本地人”和“户口在外地的同乡或异乡人”两类流动人口。其系数均为负值表明，相对于平时很少与人来往的流动人口，无论交往为“户口在本地的同乡或其他本地人”还是“户口在外地的同乡或异乡人”，他们均较少感受到社会排斥，而且交往“户口在本地的同乡或其他本地人”的流动人口，所感受到的社会排斥要弱于那些交往“户口在外地的同乡或异乡人”的流动人口。

2. 在京时间

在京时间的系数为正值，表明在京时间越长，他们感受到的社会排斥越强烈。

3. 有无医保

有医保或无医保（1）变量是以“有医保”为参照，其系数为负值表明，无医保的流动人口，所感受到的社会排斥要强于有医保的流动人口。

4. 性别变量

性别变量（1）是以男性为参照，系数为正值表明，女性相对于男性会感受到更强烈的社会排斥。

5. 年龄群

年龄群（1）和年龄群（2）分别表示 15 ~ 32 岁和 33 ~ 42 岁两个群体，他们是以 43 ~ 59 岁群体为参照的。由表 5—6 系数可知，年轻流动人口群体所感受的社会排斥要强于老一代（60 后和 50 后）人群，而且越是年轻的人群，所感受到的社会排斥越强烈，因为年龄群（1）的回归系数绝对值大于年龄群（2）的回归系数绝对值。

6. 户口性质

城市户口或农村户口（1）表示的是非农业户口的流动人口，系数为负值

表明，城市户籍的流动人口所感受的社会排斥要弱于农村户籍的流动人口。

7．职业等级

职业等级是以低职业等级为参照，职业等级（1）、职业等级（2）和职业等级（3）的回归系数均为负值表明，相对于低职业等级的流动人口，他们感受到的社会排斥较弱，而且从职业等级的回归系数的绝对值还可以得出，较高职业等级，即职业等级（2）的流动人口所感受到的社会排斥感最弱，但总体上是职业等级越高的流动人口所感受的社会排斥要弱于职业等级低的流动人口。

8．受教育程度

受教育程度是以大学专科以上为参照，受教育程度（1）、受教育程度（2）和受教育程度（3）分别代表小学及以下、初中、高中或中专三个群体。系数为正值表明，相对于大学专科以上群体，他们皆感受到较强的社会排斥，小学及以下文化程度的流动者感受到的社会排斥最强，其次是高中或中专的流动人口。

此外，上月收入变量因回归系数接近零，对社会排斥感基本无解释力。每周工作时间变量的回归系数为正值表明，工作时间越长的流动人口，他们感受到更强烈的社会排斥。

三、结论

通过对解释变量回归系数的分析，可以得到与研究假设相符的结论：

第一，社会资本有助于缩小社会距离，减少社会排斥感。流动人口较多地与本地人交往，有助于减少他们的社会排斥感。

第二，受教育程度是流动人口经济融合的基础。受教育程度越高的流动人口感受到的社会排斥感越弱，大学专科及本科以上者社会排斥感最弱，而小学及以下文化程度的流动人口感受到的社会排斥感最强。

第三，相关保障政策对流动人口城市融合具有很大影响。从回归方程我们看到，有医保的流动群体，他们的社会排斥感弱于无医保的流动群体。这

证实了我们的研究假设。

第四，流动群体因代际不同所感受到的社会排斥程度不同。80后（15 ~ 32岁）和70后（33 ~ 42岁）的社会排斥感要强于60后和50后（43 ~ 59岁）的流动人口群体。

第五，职业地位越高的群体感受到的社会排斥越弱。从回归方程中我们看到，高职业地位和中高职业地位的流动群体，他们的社会排斥感要弱于中低职业地位和低职业地位的群体。

第六章

在京农民工子女的城市融合困境研究①

本章以北京打工子弟学校的学生作为研究对象，运用问卷、深度访谈和参与观察的方法，对分别位于丰台和石景山的三所打工子弟学校学生的家庭状况、生活的社区和他们所在学校的状况做深入的描述。研究者以“住校社工”和“成长向导”的身份进入“田野”，并与学生、家长和学校老师建立了良好的信任关系。通过参与观察和深入访谈，研究者发现绝大多数学生家庭都居住和生活在北京城市边缘地带，学生们除了居住的社区外，少有机会去北京市的其他地方，就连北京孩子常去的博物馆都很少有人去过。他们也少有机会与北京本地的学生和居民交往。这样的社区几乎都被来京打工的家庭占据。而他们的学校也都是农民工的子女，就连学校的授课教师也大都是来北京打工的流动者。对这些孩子而言，学校和社区都处在城市的边缘和社会的边缘。

一、相关研究述评与研究资料的来源

（一）关于农民工子女融入问题的研究

已有研究采用定量与定性结合的方法，从心理融合、身份融合、文化融合和消费融合四个方面研究农民工子女的城市化问题，他们认为农民工子

① 本章的调研内容和部分观点得益于与李益峰、刘雅琳同学的讨论，感谢两位同学为此项目付出的劳动。

女城市融入具有分层特征，认为农民工子女主观的城市认同、自我定位、同化与内化路径、过程和程度，以及外在的学校、家庭、同辈群体、城市本身、政策等，决定了农民工子女能否成功地融入城市（周红，2010；李明丽，2010；王毅杰，2009）。还有学者从社会排斥的视角进行研究，并提出农民工子女遭受到生活环境、学校教育、学习环境以及心理层面四个方面的排斥，他们认为制度排斥、群体排斥、家庭经济排斥是农民工子女难以融入城市社会的主要原因（栾美薇，2010；邵彩玲、张莅颖、赵岩，2008）。

笔者发现，首先，大部分研究都是从社会排斥或社会融合的视角对其进行研究，并集中在客观的社会排斥方面，较少有文献以农民工子女为主体，探讨其城市融入问题。其次，少有文献注意到社会排斥所塑造的高同质性环境形成，以及这种同质环境对农民工子女城市融入的限制。笔者从亲历的“田野”调查中深切感受到，打工子弟学校、农民工子女居住环境以及农民工子女家庭交往等方面存在非常高的同质性特征，这种同质性限制了该群体融入城市社会。

（二）关于农民工子女的教育现状与相关政策的研究

在城市，儿童入学是以户籍为首要条件的，流动人口子女上公立学校一般需缴纳高昂的赞助费或借读费。当无法承担高昂学费时，流动人口子女在城市上学就成为难题（史柏年，2005）。林宇认为家庭文化资本的欠缺导致农民工子女成就不理想，进而影响学习质量。学校的教育内容应该努力促进农民工家庭文化资本的发展（林宇，2011）。还有学者认为农民工子女教育存在以下四个问题：一是难以与城市同龄儿童享受平等教育资源；二是由于农民工子女的父母经常更换工作和家庭住址，给学校管理带来困难；三是农民工子女的学习成绩较差；四是农民工子女在接受义务教育后，与后续高中阶段等非义务教育难以顺利衔接（王守恒、邵秀娟，2011）。

农民工子女的教育问题越来越受到学者们的关注，相关研究分析了农民工子女面临的教育困境并提出解决途径。较多学者集中于教育公平、公正问题和教育资源缺失等问题，但从社会系统的角度对形成农民工子女教育边缘化的分析尚少。我们认为，农民工子女教育问题受家庭系统、学校系统以及宏观的制度与政策系统的制约，宏观与微观系统都直接或间接地以复杂方式影响着这个群体的发展。笔者认为，应该将该群体的社会融合困境和教育边缘化问题结合分析，并将问题置于他们所处的各系统环境中加以考察，揭示家庭、学校和社会对该群体城市融合的影响。

（三）资料来源

本章所使用的资料来自两位社会工作专业硕士生李益峰和刘雅琳同学分别从丰台和石景山区三个打工子弟学校收集到的资料。李益峰同学在2011年下半年至2012年上半年，通过非营利组织XGLG机构与ZQY机构进入到北京市丰台区两所农民工子弟学校进行长期的社工陪伴公益活动。在这段时间内，他和他的同学参与到学生们的日常活动和学习中，使得他们对学校的学生情况、师生关系有了较为深入的了解，并与部分同学建立了良好的信任关系。在这所打工子弟学校，李益峰主要选择了10 ~ 16岁的学生作为研究对象，并对研究对象的学校生活、家庭生活以及社区生活进行了4个多月的参与观察与深度访谈。选择这个年龄段的学生有以下两点考虑：①这个年龄段的学生已经形成自我概念，会尝试着去综合与自己相关的各方面信息，对相关事物作出判断；②这个年龄段的学生在与他人交流时，能准确地理解询问者的意图，并能较好地表述自己的经历、想法以及情感。

2012年11月至2013年6月，刘雅琳同学以成长向导的身份进入北京石景山区衙门口村的SR打工子弟学校，她每周用4个小时左右的时间与学生面对面交流，了解农民工子女的学习、生活和心理状态，并帮助他们面对和解决生活中的问题，尽自己的力量，起到成长过程中的向导作用。2013年10月至11月，她对该校五年级30多名学生做了问卷调查，并对该校的老师和学生进行了深度访谈。问卷和访谈内容包括农民工子女来京基本信息、家庭状况、城市认同状况、家庭教育与学校教育现状等方面。访谈还涉及学生和他们的家庭对他们未来发展的设想和在北京的生活感受等。

二、农民工子女边缘化的学习环境与融合的关系

（一）农民工子女的人口社会学特征

1. 被调查者的年龄、性别、来源地和在京生活时间

刘雅琳同学的问卷调查显示，SR 打工子弟学校五年级的孩子基本上在 10 ~ 11 岁之间，占 75%。另外，还有 12 岁的孩子和 9 岁的孩子，数量较少。被调查者中，男学生占总人数的 37.6%，女学生占总人数的 62.4%，女生略多于男生。这些农民工子女来自全国各地，来自河南和河北省的人最多，分别占 40.6% 和 21.8%，此外还有来自安徽、四川、辽宁、甘肃等省份的。他们中有 3 名学生出生在北京，但都没有北京户口。32 名学生来京 10 年及以上的占 31.2%，来京时间在 4 ~ 7 年之间的占 34.3%，来京时间 3 年以下的占 24.5%。一半以上的学生在北京生活的时间超过 5 年。

2. 农民工子女家庭和居住情况

32 名学生家庭都在城中村中居住。这里房租相对便宜，且距离他们上学的打工子弟学校很近，但是周围北京市民相对较少。调查结果显示，90% 以上的家庭住房面积为 15 平方米左右，生存空间相对狭窄。家庭人口数为四口及以上的占 75%，家庭人口数较多。

3. 父母受教育程度及职业特征

这些农民工子女的家长基本上来自农村，教育程度普遍不高，完成高中及以上学业的很少，主要集中在小学毕业和初中毕业两个文化程度。父亲的受教育程度集中在初中毕业，占总数的 34.4%；其次是小学毕业，占 31.3%。而母亲的受教育程度集中在小学毕业，占 40.6%；其次是初中毕业，占 28.1%（见表 6—1 和表 6—2）。通过数据得知，农民工子女父母的受教育程度普遍较低。

表 6—1　父亲的受教育程度　单位：%

受教育程度	百分比
没上过学	9.4
小学毕业	31.3
上过初中但没毕业	9.4
初中毕业	34.4
高中	12.5
大专及以上	3.1
合计	100.0

资料来源：对打工子弟学校学生的调查。

表 6—2　母亲的受教育程度　单位：%

受教育程度	百分比
没上过学	9.4
上过小学但没毕业	6.3
小学毕业	40.6
上过初中但没毕业	3.1
初中毕业	28.1
高中	9.4
大专及以上	3.1
合计	100.0

资料来源：对打工子弟学校学生的调查。

他们的父亲从事个体经营的较多，基本上是自己做点小生意或者摆摊，这一比例为 34.4%；其次是工人，占 25%。而母亲无业的占 37.5%，做个体和售货员或服务员工作的，分别占 18.8% 和 15.6%。进一步的访谈使我们了解到，还有不少学生的父亲正从事装修、货运、承包工程、铁路维修、废品收购、汽车维修等工作。

4. 家庭月收入

由于受教育程度以及低端职业的限制，学生家庭收入普遍不高。据调查，家庭月收入集中在 2 000 ~ 3 000 元的，占 43.3%；集中在 3 000 ~ 4 000 元的，占 25%；集中在 1 000 ~ 2 000 元的，占 18.8%。家庭月收入普遍较低。

5. 农民工子女对城市的认同与社会交往

据我们了解，大部分孩子来京时间在 4 年以上，在城市生活时间不短，对城市认可度很高。在被问及“喜欢北京还是老家”时，56.3% 的孩子选择了喜欢北京，而且有 62.5% 的孩子愿意一直生活在北京。15.6% 的农民工子女认为北京人非常友好，43.8% 的孩子认为北京人比较友好，15.6% 的孩子认为北京人是不友好的。在进一步的访谈中我们发现，这些孩子大部分还是非常喜欢北京人的，可见农民工子女对北京城市的认可度很高。但是当被问及

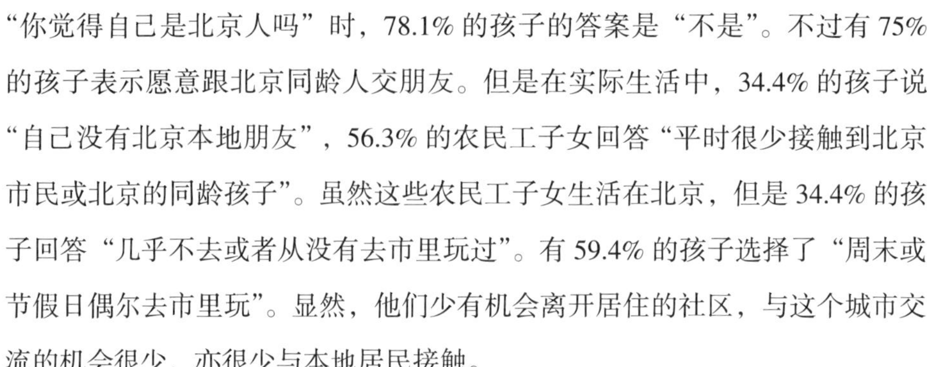
“你觉得自己是北京人吗”时，78.1% 的孩子的答案是“不是”。不过有 75% 的孩子表示愿意跟北京同龄人交朋友。但是在实际生活中，34.4% 的孩子说“自己没有北京本地朋友”，56.3% 的农民工子女回答“平时很少接触到北京市民或北京的同龄孩子”。虽然这些农民工子女生活在北京，但是 34.4% 的孩子回答“几乎不去或者从没有去市里玩过”。有 59.4% 的孩子选择了“周末或节假日偶尔去市里玩”。显然，他们少有机会离开居住的社区，与这个城市交流的机会很少，亦很少与本地居民接触。

（二）边缘化的学校和匮乏的教育资源

北京市的打工子弟学校大多位于外来人口集中的城中村，学校环境相对较差，硬件与软件设施无法与北京市的公立学校相比。

1. 边缘化的地理位置与简陋的校园

李益峰同学进入的第一所打工子弟学校成立于 2005 年，坐落在北京市西南五环某机场附近，周围都是老旧的红砖房，一座挨着一座，街道很窄。房子大多数是破旧的二层小楼或平房和简易板房。学校周围大部分是小型廉价房，收入比较低的家庭住在这里，而且是来自全国不同省份和地区的务工人员混杂居住。学校所在的街区，街道两边布满了电线杆，密密麻麻的电线纵横交错架在离人头不远的上空。街区中有一个洗车店、一个废品收购站、一个修理店，其他大部分都是零售小店和餐饮小店。这里没有大型商厦，连大一点的超市都没有。这个打工子弟学校占地面积大约 6 200 平方米，学校校门很窄，大概只能容得下一辆大卡车通过，学校大门外有个值班室，值班室的门直通校内。学校的操场不是很大，水泥地面已经破损，操场上有一个篮球架。教学楼由几排砖房和简易板房组成，北边四排教室，南边三排教室。校长室、政教处、教导处以及学校唯一的大会议室在南边的第一排，一、二年级的教室在北边的第一排。学校一共 21 间教室，一、二、六年级和五年级一班的教室都是平板房，其他年级的教室都是砖房。教室内的屋梁上挂着几盏不是那么明亮的灯，教室门旁的墙壁上贴着《中小学生守则》和课程表，中间贴着一幅激励的标语和优秀学生名单以及近一周表现不佳的学生名单。除了这些之外，每个教室还有一个已经生锈的暖气管，教室里摆满了破旧的课桌和椅子，但据教导主任说，这比2005年之前已有很大的改变了。

李益峰同学进入的第二所打工子弟学校坐落在北京市西南三环附近的一个小巷子里。学校周围布满了破旧的砖房，居住着大量的外来务工人员。学校大门左边不远处就是垃圾箱和公共厕所，学校大门对面是一排老旧的砖房，其中的一个院子里堆满了垃圾，紧挨着它的是一家小卖铺。这条小巷子里有两个快递点、两家废品站、一家小型物流公司以及几家早点店和餐饮店。这所打工子弟学校占地面积达大约7 000平方米，学校没有操场，由5个小四合院组成，每个四合院分别是学校小卖铺、值班室、学校食堂、教师宿舍、学生宿舍、计算机房、会议室、教师办公室和教室，四合院的地面都很破旧，坑坑洼洼非常不平整，一到雨天就到处积水。学校除了进门的那个四合院面积比较大一点外，其他四个四合院都特别小，而且没有绿化物，一到课间休息时间，所有的院子里都挤满了学生，基本没有活动的空间。学校的教室是简易的板房，所有教室都没有安装暖气。教室里面的课桌都很破旧，椅子摇摇晃晃非常不结实。教室墙上除了《中小学生守则》外，就再也没有其他装饰了。

石景山SR学校位于石景山区衙门口村，在北京的五环与六环之间。坐地铁再换乘公交车后还要走大约15分钟的路程。因公交车间隔时间长，出租车很少过来，这里到处可见的是一些“黑车”。直通学校的是弯曲的小巷。小巷狭窄，路面到处是水、泥和蔬菜水果皮，很不卫生。道路两边是各种小店，有卖蔬菜熟食和日用品的，还有手机维修店、理发店和裁缝店等。在这里看不到楼房，全部是平房，连二层小楼都很少见到。不过可以看出，这里已经形成了自己的生活区，住在这里的人不用出去就可以买到所需的物品。穿过这一条小巷就进入到一个旧货市场，旧货市场并不太大，道路的两边摆满了破旧的家用电器、电脑桌和旧家具。早已经淘汰的电视机、电冰箱和洗衣机随处可见。再往前走，才是SR打工子弟学校。

这所打工子弟学校由二十几间平房组成了学生教室、宿舍与教师办公室，操场是水泥地，活动空间狭小。学校没有独立的实验室供孩子们动手操作，也没有独立的图书馆供孩子们阅读课外刊物，甚至连一些公立学校早在几年前就安装使用的多媒体也没有。在实际观察中，笔者也没有发现教室中安装音响等供学生练习英语听力的设备。

2．边缘化的学校

打工子弟学校既不属于农村教育体系，也不属于城市教育体系，它是国家教育体制之外的一种特殊形式的教育机构。虽然在校舍建设方面能获得地方教育委员会一定的扶持，但打工子弟学校在经费拨付以及教育质量考核方面都无法进入城市教育体系，学校所有经费支出全由学校自己承担，但其又不能收取学生高额的学费，相当于自负盈亏的企业。笔者曾就打工子弟学校的经费以及教学管理是否纳入到当地教育部门对LTFY学校的两位主任进行了访谈。

（1）学校经费的来源问题

笔者：BJ市教育部门或国家会给LTFY学校拨付经费吗？

张主任：这个没有，现在就是BJ市教委资助咱们学校盖了对面那几排教室。

笔者：BJ市教育相关部门会给咱们学校提供些资源方面的资助吗？

张主任：没有，现在没有，现在教委给的资助和资源有什么呢，就是每学期给学生80元（补助），一年160元，书费给免了（学费没给免），因为我们收学费给老师开工资的，书费全免。

笔者：学校教师的工资不是当地教育部门给开吗？

张主任：不是，学校给发，教委是不管这块的，是咱们学校收学生学费给老师开的工资，所以学费不能免，要不然老师的工资都没法开了。

笔者：那老师每个月工资大概多少呢？

张主任：老师工资一般 1 500 元左右。

笔者：那么学校其他方面，比如教学设备用的电脑、课桌等的开支，教委会给资助吗？

张主任：不会，那都是咱们学校自负经费的，像学校教学用的电脑都是 ×× 电脑公司捐赠的。像今天刚买来的录音机，现在还没几台送过来，（费用）都是咱们学校自己支付。（LTFY 学校访谈——张主任，20120105）

（2）与上级管理部门缺少联系

笔者：BJ 市教育部门对咱们学校的考核指标都有哪些？

龙主任：考核指标？它（BJ 市教育部门）现在还没有给咱们学校进行督导过。

笔者：包括教学以及课程设置等都没受到过 BJ 市教育部门的督导和考核？

龙主任：学校的课程设置是由我和张主任以及其他几位教导组组长根据国家教育部的相关文件进行编排和设置的，有些课程因为招不到老师，所以目前开课次数比较少。

笔者：那 BJ 市教委对咱们学校的教学质量、教学管理等有没有进行过系统的考核？

龙主任：系统的考核没有，但有时会有教委的人过来看看，问问我们这儿是怎么管理的，也问过我们教导处，咱们学校的一些管理资料他们都拿过去了。

笔者：每学期教委那边的人来的次数多吗？把学校管理资料拿过去后，会给些相关建议吗？

龙主任：没给过什么建议和反馈，来的次数不多，一学期就一两次吧。

笔者：我看咱们学校的教材跟当地学校的教材好像是一样的，为什么会选当地版的教材呢？

龙主任：咱们学校选用当地版的教材，是为了参加区统测，就是那个区统考，就是想跟当地的教学质量比较下，就是想提高下教学质量，没有别的想法。

笔者：那现在咱们学校进入区统测了吗？

龙主任：没有。（LTFY 学校访谈——龙主任，20120311）

（3）必要的教学设备十分缺乏

三所打工子弟学校设施都非常简陋，李益峰所进入的 XH 学校连一些必要的教学设备（多媒体、录音机、数学教学工具等）都不齐全，所有的教室都没有多媒体设备，老师上课只能通过读和写向学生传授知识。全校除了广播之外就没一台录音机了，因为缺少这样的设备，学生根本没法练习英语听力，就连数学教学用的尺子等工具都是不久前公益机构捐赠的。相比之下，LTFY 学校比较好些，虽然有多媒体设备但这些设备大多是坏的，它们是某些大公司淘汰下来捐给学校的。为了能提高英语成绩参加区统测，学校自费买了 10 台录音机，但这还远远不够用。六年级班主任赵老师说："有时候想给学生放些与本地文化相关的视频或图片都放不了，那个投影仪经常放着放着就坏了。"这种情况在公立学校就很少发生。

（三）薄弱的师资力量与边缘化的教师

1. 师资力量薄弱，课程设置不完备

SR 打工子弟学校现有专职教师 34 人，教师平均年龄 33 岁，年轻老师相对较多，另外还有三名实习老师。年轻老师都是大专师范类院校毕业，并持有教师资格证。年纪较大的老师中师毕业的多，基本没有教师资格证。教副科的老师每周课时量为 23 ~ 25 节，班主任的课时相对少一些，每周 21 节左右。

在 SR 学校我们看到了五年级的课程表，发现学校的课程安排非常紧凑。每天上午四节课、下午三节课，在课程设置中明显看出，数学、语文、英语占据很多课时，音乐、美术、计算机占的比例很低，一周只有一两节。笔者在实际"田野"中发现，所有年级都没有开设自然科学、实验操作等培养综

合能力的课程。谈到这个话题时，LTFY 学校六年级（1）班的班主任赵老师说：

公立学校挺注重学生能力的培养，开的课程也比较多，咱们学校还仅仅在认知层面。咱们学校的学生与公立学校的学生从小接触的教育是不一样的，像咱们学校的孩子，老师说什么，他就给你做好，如果你说些扩展性的东西，他根本就没那个意识。你比如说有一个活动，做一个正方体、长方体，他们动手能力就没那么强，不会做，只有那么一两个学生能回应你，其他学生都没这方面的意识。各方面条件不一样，人家公立学校的学生就有家长陪孩子读书，寒暑假家长给孩子报班，把下学期的内容全学完了，上课的时候，书本上的知识老师一点拨，学生就全会了，所以人家就有时间侧重能力的培养了。咱们就不一样了，咱们学生都来自各个不同的地方，有的地方的教材跟咱们学校的都不是一个版本的，好多知识都衔接不上，还有些学生转过来时还说着家乡话，过了几天才开始慢慢习惯说普通话，还有的地方小学就根本没开英语课，在这样的条件下，咱们的教学重点就只能放在较低层次的认知层面了。（LTFY 学校访谈——六年级班主任赵老师，20111220）

课程设置不完备与打工子弟学校师资力量薄弱关系密切，在师资水平和人力不足的情况下，打工子弟学校的教学质量也受到很大影响。

2．教师流动性大，选拔标准低

打工子弟学校教师的选拔不如公立学校严格，基本要求是师范类学校毕业或者持有教师资格证，对于教师的教学经验和资历要求不高。打工子弟学校教师的流动性很强，主要集中在年轻教师身上。关于该校老师的选拔机制、流动性问题，我们从 SR 学校校长那里了解到一些情况。

笔者：对学校的师资有什么要求吗？

赵校长：都要达到大专以上学历，证件齐全，基本能达到，但是咱们学校老师流动量大，可能有的老师是普师中师学历的，年龄稍微大一点的在老家一定有教师资格证，但是现在发不了了，要拿过来上纲上线的话，学历就不达标了。

笔者：老师们都是从哪里来？学历怎么样？

赵校长：河北比较多，还有山西的，都是师范毕业的，大专本科都有，专科多一点。

笔者：他们流动性怎么样？

赵校长：有流动性，这一年稍微少一点，以前流动大，工资低，留不住人，之前学费收的也少。流动主要因为家庭原因或者不在北京了，好多老师换行业了。

笔者：每年接收多少实习老师？实习老师的流动性相比正式老师呢？

赵校长：实习老师上学期有 9 个，这学期 3 个，实习老师多了也不合适，还是没经验，他们只能教副科，比如音乐、美术、科学之类的，不能当班主任，当班主任需要一年以上有经验的老师。他们比我们这边资历老一点的老师流动性肯定是要大的，实习期结束了大部分就都走了。

在涉及老师流动性的问题上，在对 SR 学校 32 名同学进行的调查问卷中也有体现，在回答“你们的老师经常变动吗”这一问题时，有 62.5% 的学生选择了经常更换老师。在之后进行的访谈中，学生们也对换老师这一问题发表了看法。A、B 为五年级学生；C 在 SR 学校毕业后，在附近的公立学校读初一。

笔者：你们会经常换老师吗？

A：经常换，比如上一学期是一个老师，下学期就是另一个了，每学期换。

B：上学期的跟这学期的老师就不一样，好多老师走了，有的老师不走，但不教我们，教其他班。

笔者：打工子弟学校跟公立学校的老师有什么不一样吗？

C：打工子弟学校的老师经常换，公立学校的老师一教我们就是三年，不

会换，这个学校的老师好多都是没毕业就过来了，实习一段就走了。（SR学校访谈——三位高年级学生，20131224）

3．边缘化的教师

教师是农民工子女接触较多的人群之一，他们不仅承担着传播知识文化的重担，同时他们也是农民工子女接触城市人群和文化的中介之一。打工子弟学校的教师大部分来自外地，他们虽然比农民工子女接触城市人群和文化的机会较多，然而他们却因为各种原因逐渐被边缘化。

（1）难以融入公立教师队伍

LTFY学校的教师有机会同公立学校的教师一起参加教委组织的培训，但他们却因为自己的工资、教学水平等原因而逐渐远离了公立学校教师群体。五年级的班主任王老师说：

像公立学校是好几个老师教一科的，我们这儿是一个老师教好几科，培训的时候人家一去就是好几个，能凑在一块聊天，我们一个年级最多才三个老师教一科，一到培训的时候，有的老师还有课去不了，顶多能去两人。在一起培训，挺受刺激的，我有一次去培训，公立学校的一位老师就问我这样的问题："你一周上几节课啊？你教几个班？你班有多少学生？"人家（公立学校的教师）就教一个班，班上才28个学生，人家一天就上一节课，一周就5节课。还问我："你们工资多少啊？学生成绩怎么样啊？你是哪个学校的？"我说我是民办学校，她（公立学校的教师）说，民办学校听说工资挺高的，多少钱一个月啊？我们现在才一千多块钱一个月，我都没敢说，我就说我们三千多一个月，人家立马就说，哟，你们钱真够少，你知道他们一个月多少，人家一个月五六千，跟他们差距太大了，没有共同的话题和共同的语言，没有沟通的途径，都不一样，你说你怎么沟通，你说你沟通什么，跟人家沟通学生吧，人家学生素质可高了，恨不得每科都九十多分。没法沟通，没有共同话题，所以（后来的培训中）慢慢地就是公立学校的老师在一块吃饭、聊天，我们打工子弟学校的老师在一块吃饭、聊天。（LTFY学校访谈——五年

级班主任王老师，20111220）

（2）教师少有机会参加培训与交流

打工子弟学校教师很少参加培训，尤其是教委统一组织的教师培训。如果有培训也是将打工子弟学校的教师单独集中培训，很少有机会与公立学校的教师一起学习和交流。关于教师培训问题，笔者从董老师和贺老师那里了解到一些情况：

笔者：咱们老师会有定期培训吗？跟其他学校老师会有交流吗？

董老师：有，教委组织的一些课件培训，也有交流，但参与很少，比如与手拉手学校的公立学校有交流，人大附小每年会来学校进行教学管理方法的交流。我们老师是单独培训，跟其他学校一起培训基本没有，这就是咱们老师薄弱的地方，因为我们现在培训的这些计算机课件公立学校早就学习完了，而且之前我们都没有设备，没有设备培训什么啊，而且老师都是一拨拨的培训，要不老师都去培训了，谁上课啊，而且公立学校每周两个半天去学习，人家孩子就不上课了，我们这边全天有课，所以老师还得分开培训。

笔者：在培训的时候，我们和公立学校有差别吗？

贺老师：没有和公立老师一起培训过，都是和其他农民工子弟学校的老师一起去培训。因为都是培训同样的，我们跟公立学校的时间不一样，人家周三、周五下午不上课，老师们去培训，我们的课都是满的，我们的孩子都是全天上课，我们也是应家长的急，要是我们也去培训放学的话，他们家长肯定不干，家长不能请假回来看孩子，我们也是需要看护这些孩子。（SR 学校访谈——董老师和贺老师，20130620）

（四）同质化的学习环境对农民工子女城市融入的影响

三所打工子弟学校给我们的印象是学校的老师基本上是非本地人，学生大多数也是非本地人。在 LTFY 打工子弟学校我们了解到，这个学校从学前班至六年级共 1 212 名学生，除了 3 名学生具有本地户口外，其他学生都是农民工子女。学校一共 49 名教师，其中具有本地户籍的有 15 名，在这 15 名当中有 3 名是学校负责人，她们不担任授课任务，其他 12 名教师分别担任班主任、课程教师等职务。外地教师数量超过 2/3，来自河北、河南和山东的老师居多。

XH 打工子弟学校招收学前至九年级的学生，全校共 1 536 名学生，全部是农民工子女。学校一共 62 名教师，只有 5 名教师具有本地户口，其他均为外地来北京打工的教师。教师来源地与 LTFY 打工子弟学校相似。另一所 SR 学校，既没有本地教师，也没有本地的学生。教师是外来打工者，学生是随打工父母来北京的流动儿童。教师是农民工子女在学校接触较多的人群之一，他们不仅肩负着传播知识文化的重担，同时他们也是农民工子女接触城市人群和文化的中介之一。但是，大部分教师来自外地且与公立学校几乎无交往的边缘化状况，对农民工子女融入城市社会难以起到促进作用。

同化论认为，移民在同流入地居民的交往与社会互动中，逐渐学习并适应流入地的文化价值、生活方式以及风俗习惯，最终将实现完全同化。通过对学校环境、资源和教师的分析，我们发现，农民工子女已经处在一个高同质的人文环境之中。而且无论是在地理位置上还是在教育组织系统中，打工子弟学校都处于边缘位置。学校成员的高同质性与边缘的地理位置，势必会减少农民工子女与本地居民接触和交往的机会。而最关键的是，作为农民工子女社会化设置的打工子弟学校，难以为该群体的城市融合提供资源和机会，边缘化的打工子弟学校使得孩子们远离了正规的教育系统，并让在这里教书的教师也难有机会融入正式的教育组织并获得培训和提升。教师和学校都已经不可能为农民子女提供与本地学校和学生交流和互动的机会，也难以承担起农民工子女融合本地的桥梁和媒介作用。只要他们在这样的学校就读，就势必会与外界拉开距离，这是一种令人无奈的屏蔽。此外，匮乏的教育资源和较差的教学质量，又抬高了农民工子女通过教育向上流动的门槛，有研究

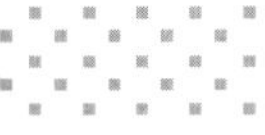

表明，农民工子女通过打工子弟学校进入正规高中和大学变得几乎不可能。教育成为社会阶层再生产的工具（周潇，2011）。

三、农民工子女同质化的生活环境与融合的关系

（一）边缘化的社区

1. 偏僻、破旧与高同质的居住环境

LTFY 打工子弟学校的张主任曾跟笔者说，LTFY 学校的学生都住在学校附近，大部分学生都居住在 XG 村。在一次城市探访活动后，因为笔者与小安等一大群学生同路，所以笔者就承担了送他们回住处的任务，第一次进入他们居住的地方。他们居住在北京市西南五环靠近铁路旁边的 XG 村，下车后一大群学生涌向那个破旧的小巷，瞬间消失在巷子中。巷子里的道路残破不堪，到处是垃圾、污水，旁边还有一个公共厕所，从这儿经过在很远的地方就能闻到那股难闻刺鼻的气味，小安和丹丹说，一到下雨这条路根本没法走。巷子里面这一片都是老旧平房，房屋很密集，看上去就像 20 世纪六七十年代的房子，有些房子的外墙是直接用废弃的砖头堆成，非常不安全。有的就直接在原有的基础上扩建个简易板房，还有的地方正在拆迁。小静说，以前这个地方住了很多人，后来因为拆迁搬走了一部分，她老乡也是因为拆迁才搬到隔壁村去了。杰杰的家长告诉笔者：

在这里住的都是外地的，大部分是河北、河南的，也有一些东北人、山东人、湖北人和湖南人，本地人都不在这儿住，他们（本地人）都搬出去了，就是收房租的时候会过来，这里很少有本地人来。（学生家长访谈——LTFY 学校，20111222）

XH 打工子弟学校的学生大部分居住在 SLJ 村一个农贸市场附近，这是一个人口十分密集的聚居区，破旧的房屋上密密麻麻地拉满了电线，房屋盖得横七竖八，毫无规则，一到这里感觉就像进了一座迷宫。聚居区内，用小石子铺成的道路十分窄小，到处是坑，到处是积水。甜甜、佳佳这样描述她们的居住区：

我们（住的）那个地方住的有河南的（人）、河北的（人）、安徽的（人）、山西的（人），还有陕西的（人），都是外地来（北京市）打工的（人），（居住区里面）到处是卖衣服、卖菜的小摊，每天三四点钟就听到外面吵吵闹闹了，到处是垃圾，又脏又吵。（学生访谈——XH 打工子弟学校，20120121）

2．无人管理的社区

对于居住区内脏乱的环境，学生家长解释说在居住区内没有居委会，所以没人管理卫生环境，居住区除了脏乱之外，治安也不好。在农民工子女居住区没有巡逻队也没有治保委员会，安全措施都是居民自己组织。居住区内的农民工在工作上或生活上遇到什么困难都是通过寻找亲戚、朋友或者老乡帮忙来解决，有时居住区流动人口遇到难以调和的矛盾时，他们就会找老乡帮忙，有时矛盾会升级到难以收拾的地步。

3．边缘的社区文化

周潇（2011）曾提出农民工聚居区对城市社区是封闭的，而对聚居区内部是相对开放的，并认为文化资本不仅通过家庭传递，也通过社区传递。在“田野”中我的感受确实如此。聚居区内的农民工与周围城市社区基本上没有交往，但对聚居区内的居民却是开放的，他们之间经常相互帮助、相互串门聊天，假日或休闲的时候他们会经常在一起搓麻将或打牌，有时候哪家弄了好吃的会叫上一大群人一起聚聚。吸烟、喝酒、说脏话，在居住区内司空见惯。这种文化习惯和生活方式，每天都在无意识的状态下，潜移默化地影响着农民工的子女，他们已经吸收社区文化中的某些信息，并适应、习惯于其中。这类的社会教育对个体的影响是有力的而且是长期的。在访谈中我得知小东、宁宁、小程他们都有过吸烟的经历，而且在一个月之内有 10 ~ 15 天吸过烟。说脏话对他们来说更是再平常不过的事了。佳佳说他们平时就是以这种方式说话的，并不觉得讲脏话有什么不妥，这里的男生女生都这样说话。

（二）边缘化的家庭教育方式与农民工子女的教育问题

1．家长的教育观念与文化程度对农民工子女的不利影响

家长的教育观念对其子女的影响非常明显。城市的农民工大多数来自农村，家庭子女数量较多，重男轻女、不重视孩子的教育等陈旧观念对子女接受教育程度和质量都具有很大的制约作用。很多家长由于自身文化水平低，根本没意识到教育对于子女成长与发展的重要性，对子女的学习从不过问，在某种程度上导致了他们的子女学习成绩不理想甚至早早辍学务工等现象。在与 SR 学校的几位老师的访谈中我们了解到，很多家长对孩子的学习漠不关心，觉得初中毕业上中专或者直接务工就可以了。通过对学校贺老师的访谈，我们了解到部分家长的教育理念和态度。

笔者：一般孩子家长是干什么的？

贺老师：做生意的居多，有自己当小老板的，有卖菜的，有收废品的。还有就是给别人打工的，做保洁的，开车的，也有自己出去做装修的。

笔者：咱们学校孩子的家长跟学校联系多吗？有开家长会吗？您觉得家长对孩子学习关心吗？

贺老师：有的有联系，每学期开一次家长会，有的家长还是可以的，有的家长一年都不问的，连孩子上学都不关心。没时间管，把一些事情都推给学校。让家长检查作业，有些家长还会说这都是老师该管的，家长说话不管用。

笔者：那是不是家长都不怎么支持孩子的学习？您觉得家长在培养孩子的方式上有什么问题？

贺老师：也有一部分支持，跟他们的认知有关系，在教育上欠缺的太多了，一没文化，二没时间，家长们要做生意挣钱，衣食住行养家。现在既要拿钱又要照顾孩子，没那么好的差事，所以忽略孩子了。（对贺老师的访谈——SR 学校，20131112）

打工子弟家长普遍文化程度较低，处于社会的底层，终日为生计奔波。他们疏于教育子女，也缺少与子女的沟通。由于家长自身的文化程度较低，

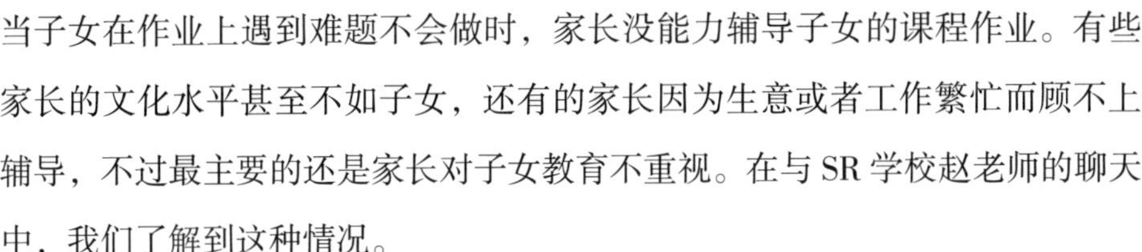

当子女在作业上遇到难题不会做时，家长没能力辅导子女的课程作业。有些家长的文化水平甚至不如子女，还有的家长因为生意或者工作繁忙而顾不上辅导，不过最主要的还是家长对子女教育不重视。在与 SR 学校赵老师的聊天中，我们了解到这种情况。

笔者：您的学生家长对孩子的教育重视吗？

赵老师：不重视，本来就都是打工的，家长起早贪黑的，别说教育了，有的回到家，孩子饭都吃不上就做作业睡觉了，等家长回来了再叫醒孩子吃饭，我们学校的好多学生都反映过这种情况。

笔者：您觉得这些孩子的家庭教育怎么样？

赵老师：差得很，应该说，不关心孩子的学习是一方面，我觉得孩子从小应该学个唱歌跳舞，这些简单的，家长应该挺支持的，学学英语都很正常，但是在他们身上看不到这些，可能是家长文化程度整体不高，本身素质不高，他们想不到这些，他们就觉得读两年书不错了。

笔者：家长们平时会联系老师询问孩子在学校的情况吗？

赵老师：很少有这样的家长，其实有的家长有时候也就把学校或者老师当作看孩子的，他们对孩子的学习也不是很上心，他们觉得孩子上学就跟完成任务差不多，他们出去上班的时候，能让孩子在一个比较安全的环境待着就可以了。所以我们学校早上六点就开门了，家长上班的时候同时就把孩子送过来了。

笔者：那他们平时关心孩子的学习吗？

赵老师：也有一半关心孩子学习的，其实对孩子看管得严，孩子学习就能好一点，这跟家庭有很大的关系。我们布置的家庭作业需要家长签字的，有的家长连字都不签，最起码签字的时候还能看看孩子的作业，负责的就签个字，不负责的连字都不签。（对赵老师的访谈——SR 学校，20131017）

2．家庭经济条件限制了对子女教育的投入

大部分农民工从事着“脏、险、累”的低收入职业，他们要用较低的经

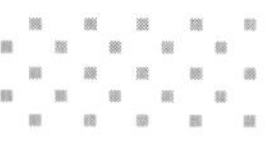

济收入维持整个家庭的衣食住行，而孩子们的教育费用对他们来说是一个相对较大的经济负担，低下的经济能力也使得农民工子女的教育缺乏必要的物质保证，从而影响其子女的教育质量。根据我们对 SR 学校的调查，50% 的父母认为自己收入的变动会对孩子的教育支出产生影响。从父母支出的教育费用构成来看，59.4% 的支出集中在学杂费部分，37.5% 的家长会给孩子买一些课后辅导书，但是仅有 3.1% 的父母会给其子女报兴趣班。农民工家庭对子女的教育支出基本用于学费，而对子女在综合能力的提升方面投入并不多。通过访谈我们还了解到，有些农民工子女的学费都是分开交，家长一时无法拿出那么多钱给孩子交学费，只能先交一部分，剩下的再补交，这样的家庭就更没有多余的钱给孩子买课外书了，而兴趣班也就成为这些孩子眼中的奢侈品。在与 SR 学校五年级女生 Z 的聊天中，了解到她的父母在孩子教育方面的情况。

笔者：平时跟父母相处的时间多吗？他们对待你的方式是偏溺爱还是粗暴？

Z：我爸妈晚上都不在家，出去干活，我爸会打我，但是我妈比较惯着我，我妈就说说我。

笔者：那你学习有不会的问题了，你爸妈会教你吗？会主动问你的学习情况吗？

Z：有时候会教，不会主动问我，一般都是考试分数出来后我才告诉他们。

笔者：平时检查你的作业吗？

Z：不检查。

笔者：你爸妈会跟这个学校的老师、领导联系吗？

Z：不会，除了开家长会，但是就开过一次。

笔者：你平时喜欢看课外书吗？爸爸妈妈会经常给你买这些书吗？

Z：挺喜欢看的，但是我基本上没有那些课外读物，我爸妈没给我买过。

笔者：那你平时都有什么兴趣爱好吗？你爸妈会根据这个给你报一些兴趣班吗？

Z：我喜欢画画，但是都是自己乱画的，我家还有个弟弟，现在就我妈在家看着，放学了我也帮忙看，没时间去上兴趣班，而且我爸妈不会给我报班的。

笔者：既然喜欢画画，为什么不报一些专门的美术班提高画画的能力呢？

Z：我们这边的孩子都没有上兴趣班的，家里没多余的钱给我们报班。（对学生 Z 的访谈——SR 学校，20131023）

通过观察我们还发现，打工者家庭居住面积很小，一家三四口人一般都蜗居在一个十几平方米的房子中，孩子们由于生活空间狭小，无法获得一个安静的学习环境。他们的家长，有卖服装、卖菜、卖水果、开小饭馆、开自行车修理铺的，也有在超市、酒店、保洁公司、餐馆等地打零工的，他们每天工作时间很长，一般都在 10 个小时以上，加上工作强度比较大，下班回家后很少有精力也很少有时间与孩子交流和照顾孩子。因此，农民工子女一般都要承担一些家务活，或者照看弟弟妹妹。社工小张曾跟笔者说：

XH 学校的学生放学回家都要帮家长做些简单的家务活，比如刷碗、淘米、刷锅盆、买菜、洗菜、洗袜子等，这些学生他们现在自己的衣服都是自己洗，有时候还要帮爸妈洗。周末也没太多时间出来玩，有的要帮爸妈做些其他的活，有的要在家带弟弟妹妹。有一次周末我们这些社工组织一次城市探访活动，活动之前就告知了学生的家长，而且家长们都同意了，结果活动前一天晚上有位学生给我发短信说他妈妈明天不让他去，我当时打电话跟他妈妈联系，他妈妈说没有不让他参加。结果第二天他没来参加活动，我再次给他妈妈打电话，他妈妈说不知道他为什么不去参加，我当时很气愤，认为这个学生说谎话欺骗我的感情。后来通过跟他相熟并住在一个地方的学生了解到，他们家是做卖菜生意的，活动那天因为他奶奶回老家了，他妹妹没人照顾，他爸妈希望他不要去参加活动在家照顾他妹妹，因为这样他没有参加活动。他后来也跟我说，他其实很想参加那个活动的，但是因为家里的原因没办法参加，感到很遗憾。（对机构社工的访谈，20120304）

由上面的分析我们看到，农民工子女的家长对子女的教育期望并不高，平日忙于生计，疏于与孩子沟通，对孩子的课业也无暇顾及。一部分家长认为，“读书没有太大的实际效用，城市里好多工人都下岗了，大学生毕业后就业形势也不乐观，因此他们觉得就算孩子读到大学，将来也不一定能找到合适的工作，与其在孩子教育上浪费金钱，还不如让孩子早点学习做生意，多赚一些钱”。农民工子女家长对子女的教育期望值远远低于城市同龄孩子的家长。在与 SR 打工子弟学校学生聊天的过程中，笔者发现父母对孩子的最高期望不过是读到中专，大部分父母期望孩子初中毕业后在北京上职高。较少的父母希望孩子回老家读高中，毕业后考大学。较低的收入也限制了他们对子女教育的投入，除了基本学杂费之外，他们对子女教育几乎没有额外的支出。边缘化的家庭教育方式，严重妨碍了农民工子女的受教育程度和受教育质量。

社会生态系统理论认为个人的行为与问题会受到家庭成员和家庭环境的影响，家庭系统对孩子的成长和发展有着重要作用。家庭教育本应是学校教育的有力补充，两个系统共同保障着农民工子女的教育质量。家庭经济条件的限制和家长对子女较低的教育期待，影响了孩子们对学业的兴趣，降低了他们对学习成绩的要求。从总的状况看，农民工子女的家庭教育与学校教育对孩子们知识和能力的培养都十分欠缺，这些孩子几乎不可能通过教育改变身份，提升自己的社会地位。

（三）同质化的生活环境对农民工子女城市融入的影响

社会融入是指移民群体与流入地群体进行交往、社会互动，在文化、经济、行为观念等方面嵌入到流入地群体的日常生活中。布劳在社会结构理论中提出：第一，社会交往的多少在一定程度上与相互交往人群之间的社会地位有关，社会地位越接近，社会交往的可能性越大；第二，社会接触的机会决定社会交往的程度，接触机会越多，交往的可能性越大；第三，社会成员同其他群体的交往会促进他们向这些群体流动（贾春增，2008）。由此，我们认为社会接触的机会决定了社会交往的程度，而社会交往是社会融入的前提条件。城中村社区地理位置上的边缘化以及社区的高同质性，在一定程度上减少了农民工子女与城市人群接触的机会。边缘的社区文化对农民工子女潜移默化的影响，塑造了农民工子女特殊的生活模式、语言沟通方式以及交往方式，且完全不同于城市的生活模式、语言沟通方式以及交往方式，这在一定程度上也妨碍了农民工子女与城市人群的交往。同时，父母长时间、高强度的工作使得农民工子女不得不承担部分家务活，也减少了孩子外出的时间。

与城市人群之间的接触是农民工子女城市融入的前提条件，但农民工子女高同质性的边缘居住环境与学习环境减少了他们同城市孩子和成年人群接触的机会，并且因同质群体内成员交往频繁，促使他们更偏向与同质群体交流而阻碍了其城市融入。布迪厄认为特定场域与惯习相互作用产生了生活方式上的差异，从而体现了不同社会层次社会成员之间的关系和社会距离（李春玲、吕鹏，2008）。农民工子女特定的居住环境与学习环境，还使得他们在学习方式与生活方式上与城市学生和市民产生了很大差异，妨碍他们与城市人群的交往与互动。现代素质教育越来越倾向于学校教育、社会培训教育和家庭教育三者都参与其中，而打工子弟学校教育的边缘化、家庭对子女的较少投入，加上农民工家庭的低经济资本和社会资本，都将影响这些在城市中生长甚至出生在这个城市的农民工子女融入这个城市，他们亦不可能通过教育向社会上层流动，这样，他们中的大多数又将成为城市的边缘群体或底层群体。

四、农民工子女的社会认同

社会认同理论认为个体通过社会范畴化获取对自我归属群体（内群体）的认同，并且这种认同影响着个体的社会态度、社会感知和社会行为，使其对内群产生偏好而对外群产生偏见。一般认为社会认同是由范畴化、认同和比较三个过程组成。社会成员在社会互动过程中，都会有意无意对社会群体进行分类，然后将自己归属于其中的一类。农民工子女在与同质群体、异质群体互动的过程中会潜意识地将群体分为外地人群与本地人群。

（一）同质互动下对城里人产生的刻板印象

农民工子女在与打工子弟学校的同学、老师，居住区的同乡以及家人的互动中，会受到这些个体某些行为或语言的刺激而对自我进行范畴化。制度身份、语言等都会成为农民工子女划分外地人群体与本地人群体的参考标准。在打工子弟学校中，大部分因为制度身份而被城市公立学校排斥的学生，对本地人产生一种不好的印象，认为是本地人歧视他们外地人。

笔者在 XH 学校开展第一次小组活动，让来自七年级不同班级的学生做自我介绍时，有一个男孩，他跟大家做自我介绍时，说他叫程 ××，然后就坐下了，他旁边的那个女孩跟他是一个班的，插话说："他今年刚转到我们班来。"然后大家就问他之前在哪个学校，怎么会转到这个学校来。小程说："之前在 ×× 学校（一个打工子弟学校），那个学校现在要拆迁了，因为我不是 BJ 市户口，要提供很多证件才能去公立学校，我爸爸开不到工作证明，所以就把我转到这个学校来了。"听到这里小组的其他几个学生都回应说："本地人就是欺负我们外地人，因为我们不是 BJ 市户口，以前就得多交钱才能进公立学校，现在又要这个证那个证（才能去公立学校读书），分明就是歧视我们外地人。"（学生访谈——XH 打工子弟学校，20120309）

农民工子女对本地人的刻板印象并不都是来自他们自身的亲身经历，大部分是来自同质互动过程中的家人、同学和老乡，他们对本地人的描述或评价影响着农民工子女对本地人的印象。

小东的母亲是一家公司的清洁工，她负责打扫公司的卫生，每天早上很早就要起来去上班，下午要很晚才下班。母亲经常抱怨那些城里人各种不好，而且还经常以自己作为反面教材教育小东，要他努力读书，千万不要像自己一样靠出卖体力维持生计，还要遭受城里人的故意刁难。笔者曾问小东想不想和 BJ 市本地的学生交朋友，小东说“我不想”。问他为什么不想跟本地人交朋友的时候，他说：“本地人瞧不起我们外地人，还欺负我们。”让他举个本地人瞧不起或欺负外地人的例子时，他就列举他妈妈的例子，并说：“我爸妈工作太累了，也挣不到什么钱，都没有时间休息，而且还受城里人欺负，我以后要在 BJ 市找个挣钱多又轻松的工作，让我爸妈再不受城里人欺负。”（学生访谈——XH 打工子弟学校，20120411）

（二）异质互动下对城里人产生的刻板印象

农民工子女在其生活和学习过程中遇到异质性的群体成员时，他们都会有意识地进行群际比较，在与异质群体互动的过程中，形成对异质群体的刻板印象，在农民工子女心中，本地人瞧不起他们，还经常欺负他们外地人。

佳佳说：“有一次我和甜甜去外面玩，因为我们两人都不太熟悉路，看到路边坐着一位休息的大爷，我们就打算过去问问他怎么走。当我们过去问路的时候，他说不知道而且语气很不好，我们能明显听出来。后来又有一个本地人去问路时，他对人家蛮好，而且还给那个人指路。”旁边的宁宁插话道：“你怎么知道他（那个问路人）就是本地的啊？”甜甜说：“我们听到他们用本地话在说话，这还不算本地人吗？”佳佳说：“现在我们都不怎么去外面（指除家和学校以外的地方），因为很多地方都不认识，问路又觉得人家不爱理我们，自以为是本地人就了不起。”宁宁说，其实他对本地人印象也不好。他住的那个地方的房东，到收房租的时候，如果哪家晚交的话，他就天天去敲人家的门，有时候还会跟别人吵架，自以为是本地人就可以欺负外地人。（学生访谈——XH 打工子弟学校，20120601）

（三）同质、异质互动下的社会认同对农民工子女城市融入的影响

通过与同质成员、异质成员的互动后，农民工子女基本上都认为城里人瞧不起他们外地人、欺负他们外地人，虽然他们有些并没有亲身经历过，但城市人那种不好的形象已经根植他们心中。在他们眼里，城里人对外地人的

排斥，已经不是价值观念、生活模式以及风俗习惯意义上的排斥了，而是对他们人格尊严以及身份的一种歧视。因而农民工子女在主观上对城市人形成了一种成见，并产生排斥甚至仇恨的心理。正是在这种心理作用的驱使下，他们觉得外地人对他们好并经常帮助他们，而本地人经常歧视他们，所以在日常学习与生活中他们都喜欢与同质群体成员玩耍，而对城市群体成员敬而远之，逐渐对内群产生偏好而对外群产生偏见。

五、同质环境的形成机制分析

（一）户籍及与之相关的福利制度是农民工子女城市融合的障碍

户籍制度是中国一项特殊的行政管理制度，更是一种身份的体现，它涉及居民社会成员资格与社会资源分享两方面的重要内容。在中国，居民户籍规定了居民户口所在地与户口类别。户口所在地是居民合法居住地，在合法居住地生活和居住的人才有权利分享该地区的社会资源。户口类别分为农业户口和非农业户口（即城镇户口）两种户籍类型，据此，中国居民相应地被赋予了城镇居民和农村居民两种身份。户籍类型不同，所获得的社会资源和权利都不同。户籍制度背后是相应的教育制度、社会保障制度、劳动就业制度等社会福利制度，根据户籍制度所甄别和筛选后的身份进行相应的资源分配，由此便形成了社会资源分享、经济分配与居民身份相匹配的分层制度体系。在这种分层制度体系下，农村居民和城市居民分处于两个不同的社会层次，其社会资源分享、经济分配也分处于两个不同层次，并且各个层次之间没有相互交叉的地方。李强指出户籍制度的基本特征之一就是控制城乡人口自由流动，其本质上就是一种“社会屏蔽”制度，它将农民屏蔽在城市资源分享体系之外（李强，2004）。学者苏黛瑞认为中国城市户口就是中国城市公民权的标志，如果没有城市户口，暂住在自己国家城市中的农民就跟外国人一样，不能获得城市公民权，不能享受城市提供的各种塑造美好生活的机会和好处……无论农民在城市居住的时间有多长，如果没有城市户口，他们便不能成为真正意义上的城市居民，而是城市中的二等公民（苏黛瑞，2009）。我们认为，户籍制度及其背后的社会福利制度是农民工及其子女城市融入的制度障碍，在这些制度的共同安排下形成了高同质环境。

（二）教育制度安排：同质学习环境的形成

1. 教育制度与城市公立学校对农民工子女的排斥

农民工子女本应与城市儿童享受同等的受教育权利，但长期以来他们被排斥在城市公立学校外。尤其是在北上广这样的特大城市，因流动人口数量巨大，教育资源相对紧张，绝大多数农民工子女只能在打工子弟学校上学。以下我们从教育制度及制度的实践两个层面分析农民工子女在城市教育中所遭遇的困境。

（1）高昂的借读费将农民工子女排斥在外

1986年颁布的《中华人民共和国义务教育法》规定，我国实行地方负责、分级管理的教育管理和经费拨付方式，所需经费由国务院和地方各级人民政府负责筹措。按照这个规定，学龄儿童在户籍所在地就近接受教育，教育经费由各级政府根据学生户籍人数拨付。如果适龄少年儿童没有城市户口而随父母进城，那么原则上城市教育体系对他们不负有义务和责任。

1998年国家颁布了《流动儿童少年就学暂行办法》（以下简称《暂行办法》），第三条规定“流动少年儿童常住户籍所在地人民政府应严格控制义务教育阶段适龄儿童少年外流。凡常住户籍所在地有监护条件的，应在户籍所在地接受义务教育；常住户籍所在地没有监护条件的，可在流入地接受义务教育”。《暂行办法》虽然在一定程度上承认了农民工子女进城上学的合法性，但却规定“招收流动儿童入学的全日制公办中小学，可依国家有关规定按学期收取借读费”，因没有明确规定具体的借读费额度，使得很多公立学校以收取高额的借读费、赞助费方式，将大部分农民工子女排斥在城市教育体系之外。

2001年出台的《国务院关于基础教育改革与发展的决定》明确“两为主”政策，即“以流入地政府为主，以全日制公办中小学为主，依法保障流动人口子女接受义务教育的权利”。但是，直到2006年出台的《国务院关于解决农民工问题的若干意见》，才明确规定“不得违反规定向农民工子女加收借读费及其他任何费用”。

个案1：小程哥哥上学的遭遇

小程的哥哥1993年出生于安徽，2001年随父母来到北京。小程的父亲说：“当时（2001年）想让他（小程）哥哥进好学校（公立学校）读书，走了好多（公立）学校，（除了交书费外）都要交钱（借读费），每个学期要比别人（城市里的孩子）多交五六百，就是因为户口不是这里的，一年要多交几千，负担不起，他（小程）来北京后就直接送到XH学校（打工子弟学校）去了。”（家长访谈——XH打工子弟学校，20121103）

个案2：家长会之前与一位前来开会家长的谈话

笔者：公立学校与打工子弟学校哪个好些？

学生家长：当然是公立学校好，公立学校无论是教学设备还是老师都比打工子弟学校好。

笔者：那您为什么不把您的孩子送到公立学校读书？

学生家长：我也想（把孩子送到公立学校），但因为户口不是北京的要多交几千块钱（借读费、赞助费），负担不起（所以没送到公立学校）。（家长访谈——LTFY打工子弟学校，20121108）

（2）制度文本改变但上学的门槛依旧很高

2001年出台的《国务院关于基础教育改革与发展的决定》和2006年修订的《中华人民共和国义务教育法》，明确了流入地要“减免有关费用，做到收费与当地学生一视同仁”。在制度文本上，明确规定了非本地户籍学生可以在流入地进入公立学校上学。北京市在2009年取消了外来农民工子女进入公办中小学缴纳借读费的规定。虽然借读费取消，但新规定接踵而来。北京市有关部门规定，农民工子女要想进入全日制公办中小学上学必须提供相关的在京务工就业证明、在京实际住所居住证明、全家户口簿、在京暂住证、户籍所在地街道办事处或乡镇人民政府出具的在当地没有监护条件的证明等相关材料，具备以上五个证明后要经过当地所在街道办事处或乡镇人民政府审核，通过审核后再到居住地所在区县教委确定的学校联系就读，当学校接收有困难时，可申请居住地所在区县教委协调解决。对于在京打工的农民工，搞齐全这些证明并不是容易的事，北京的很多地区，如东城、西城和海淀区，还需要父母其中一方出示在该区缴纳社保的证明，很多在京打零工或自谋职业农民工，基本上都没有社会保障证明。还有区县入学要求出示独生子女证明，这对于农民工家庭也比较困难。证件不齐全的农民工子女是不可能进入公立学校学习的。笔者曾专门就此规定对 LTFY 打工子弟学校的张主任进行过访谈，访谈记录如下：

笔者：学生进入公立学校需要些什么条件？

张主任：这些都是按（北京市）教委要求的（条件）。

笔者：就是要办理六七个证？

张主任：唉，对对。

笔者：没有或缺一个证都不行？

张主任：唉，对对，没有或缺一个证都不行，就按教委的那个要求。

笔者：那些证件好办吗？

张主任：要是手续齐全的话，他老家需要开什么证明，你到时换什么证明，老家开一个证明、开几个证明到街道办事处办外来务工子女在京借读证明。换那个证明就好换，但如果老家缺一个证件，那个证明就换不出来，你那个证换不出来，公立学校这边就不收。

笔者：就是严格按照那个（北京市教委要求的条件）来的？

张主任：对，严格按照那个条件来。

笔者：那需不需要他们爸妈的工作证明啊？

张主任：需要。

笔者：也需要是吗？

张主任：是啊，工作证明、家庭居住证明、老家无人看管证明、全家

户口复印件、地区暂住证复印件，很多，六七个证。（对张主任的访谈——LTFY 打工子弟学校，20121012）

笔者曾经与一位在打工子弟学校做驻校社工的小陈探讨过农民工子女择校意向这个话题，她说：

小宇的妈妈跟我说，就是因为单位工作证明没办法开到，证件不齐，公立学校就不收他（小宇），所以没办法就把小宇送到 XGM 打工子弟学校读书。他（小宇）的父母是自己开小店做生意的，找不到单位开证明，所以没办法办齐证件。单位证明对于这样的家庭来说真的是一个很难的问题。在打工子弟学校中，很多孩子的父母是自己在做些小生意，像卖菜、收废品、摆摊等，有的（父母）是清洁工，还有的在超市或者酒店工作，单位证明很难开到，所以很难进公立学校，在没有选择的情况下只能进入打工子弟学校。（驻校社工访谈——XGM 打工子弟学校，20121126）

2. 教育制度安排下的无奈选择：打工子弟学校

打工子弟学校是中国社会转型时期的一个特殊产物，它不是国家教育体制内的教育机构，但这类学校有效地解决了农民工子女在城市上学的问题，是对现行教育体制的补充和自救（韩嘉玲，2001）。史柏年等学者曾对打工子弟学校学生的择校意向进行研究分析，提出影响农民工子女择校意向的第一个因素是老乡、朋友的孩子都在（这所）打工子弟学校读书，排在第二的因素便是学费较低（史柏年，2005）。笔者也曾就择校意向对 XH 打工子弟学校七年级的学生宁宁和甜甜进行访谈，访谈记录如下：

笔者：你是哪一年来到 XH 学校读书的？

宁宁：2004 年。

笔者：当时为什么会选择这所学校？

宁宁：离家比较近，学费比较低，而且我老乡他们都在这所学校。

笔者：当时为什么没选择去公立学校？

宁宁：我爸爸说开始是想把我送到公办学校读书，但因为我不是北京户

口，（公立）学校不收，收的话要交很多钱，所以我就来这（所学校读书）了。

笔者：你是哪一年来到 XH 读书？

甜甜：2007 年。

笔者：当时为什么会选择这所学校？

甜甜：收费低，离家比较近。

笔者：当时为什么没选择去公立学校？

甜甜：因为我不是北京市的（户口），（公立学校）要多收钱，上不起。（对宁宁和甜甜的访谈——XH 打工子弟学校，20121208）

农民工子女大规模进入城市，但却因为国家教育制度安排而被城市教育体系排斥在外，在这样的背景下，打工子弟学校为那些不能进入城市公立学校的农民工子女提供了上学的机会，满足了他们接受义务教育的需要。于是打工子弟学校便在这样的环境下应运而生，并且成为专门接收进城务工人员子女的学校。

3．打工子弟学校的生存状况

政府对农民工子女的教育问题主要倡导的“两为主”政策虽然在理念上不错，但是实际操作中存在的问题是流入地政府由于受财力限制，对公办学校接纳农民工子女设置了很高的门槛，想要解决这个“门槛”，涉及经费、管理等各个层面，并不是政府出台一个规章政策就可以解决的问题。也正因为如此，绝大多数的农民工子女并没能进入公立学校，而是进入了门槛较低的打工子弟学校。打工子弟学校并非正式的教育组织，它们不仅条件简陋还随时面临被拆迁的威胁。国家的政策直接影响着打工子弟学校的命运。就此，我们访谈了 SR 学校的赵校长。

笔者：您觉得国家现在对待打工子弟的政策怎么样？

赵校长：现在的政策比之前好太多了，但是我们打工子弟学校的教育资源还是匮乏，我认为政府应该创造公平公正的社会环境，尽快通过政策、法律、财政、身份等来平等对待。不能跟公立学校老这么分着，通过各方面把

社会的办学环境创造出来，这样就可以了。

笔者：那您觉得现在的政策出台对打工者的限制会不会影响到学校？

赵校长：这个事情我们也在考虑，教委开会也在说，之前北京的王市长也说，14 年的首要任务就是控制人口，书记也是这么讲的，为了资源环境什么的，降低人口密度、减轻市政压力等举措，我觉得影响肯定会有，但是影响会不会特别大。

笔者：孩子们初中毕业后的出路是什么？能在北京参加高考吗？

赵校长：当然不能，城市都没放开，大部分学生都被送回老家了，家长也是担心高考的问题，还有一部分学生就流失了或者不上了，毕业以后跟着家长做生意。（对赵校长的访谈——SR 学校，20131209）

农民工子女很难在城市接受同等的教育。我国现行的户籍管理制度、城乡二元教育体制以及高中的非义务教育类属和对异地高考的限制，使得农民工子女在完成义务教育后要面临一次升学的抉择，要么回老家读高中，要么上职业学校，抑或跟父母一起打工。在打工子弟学校上学的农民工子女，很少有人想考大学。所以，初中毕业后的继续教育将成为继义务教育“入学难”问题之后，我国农民工子女教育问题中的最大难题。

（三）社会保障制度安排：同质生活环境的形成

社会保障制度是指国家根据相关的法律法规对国民收入进行分配和再分配，以保障居民尤其是那些由于各种原因而陷入生活困境的群体最基本的日常生活需求，进而保障人们的基本生活权利的社会制度。我国社会保障制度是以户籍制度为基础，居民因身份不同，所享受不同的社会福利和社会保障。农民工脱离了其赖以生存并为其提供基本生活保障的土地，在城市中完全处于无社会保障状态，因此，农民工一旦离开家乡进入城市，立即找到工作是他们最要紧的大事。

1. 就业制度对农民工的排斥

我国自 1958 年户籍制度建立起，劳动力市场就被硬性分为农村劳动力市场与城市劳动力市场。以户籍为基础的劳动力市场规定农村劳动力就只能待在农村从事农业生产，城市劳动力只能待在城市从事工业生产。在我国传统的劳动就业制度中，户籍、社会保障与统招统配的就业体制赋予城市公民在城市中就业的特权，而将农民排斥于城市劳动力市场之外。发展市场经济后，城市劳动力市场虽然对农村劳动力开放，但是各地方政府对农民在城市中就业的工种、人数、专业、使用期限等方面作出了非常严格的规定。例如 2003 年以前，原北京市劳动局就对外来人员从事的 200 个工种作出了严格的规定。直到 2003 年国务院下发《关于做好农民进城务工就业管理和服务工作的通知》，才明确提出取消农民在城市中就业的各种不合理限制。到目前为止，城市用人单位还承担着安置居民就业的社会责任，但这种福利只是针对有城市户籍的城市居民。农民工因为没有城市户口，他们被迫进入非正规单位工作，即使进入了正规单位也只是临时工（张智勇，2005）。对于城市居民，各大城市已经建立了城市最低生活保障线制度以及失业保险金制度，城市居民失业后，持户口簿、身份证等证件去当地街道办事处进行登记、审核，就能从当地人力资源社会保障部门获得相应的保障，包括就业技能培训、就业咨询等，而农民工无法获得这样的就业保障。例如《北京市就业援助规定》就明确提出“本规定适用于对本市就业困难人员的就业援助”，具有北京市户籍的居民可以在遇到就业困难时持身份证及相关证件获取本市公共服务机构的职业介绍和指导、职业技能培训以及相关补贴。因为没有城市户口，所以农民工不能享受到这种就业保障。笔者曾就农民工是否能获得北京市就业援助，向某区人力资源和社会保障局工作人员进行过咨询，他说：

一般不可以，不过本市对某些特殊领域的农民工会进行一次短期的培训，但这样的机会是很少的，而且培训的名额也是相当有限的。本市主要负责本市失业人员，失业后持本人身份证及相关证件去所在地街道办事处进行失业登记，审核通过后就可以获得相关职业介绍、指导以及培训和补贴。（对某区

人力资源和社会保障局某工作人员的访谈，20121104）

2．住房保障制度的排斥

目前我国住房保障体系主要由廉租房、经济适用房、限价房以及公共租赁房组成。廉租房、经济适用房、限价房都采取审核和抽签的原则确定保障群体。《经济适用住房管理办法》《北京市廉租住房管理办法》《北京市限价房管理办法》等都明确规定具有本市户籍的人才有资格承租或申购。《北京市公共租赁住房申请、审核及配租管理办法》第四条规定，“外省市来北京市连续稳定工作一定年限，具有完全民事行为能力，家庭收入符合三口及以下家庭年收入10万元（含）以下、四口及以上家庭年收入13万元（含）以下的标准，能够提供同期暂住证明、缴纳住房公积金证明或社会保险证明，本人及家庭成员在本市均无住房”的人员才能申请公共租赁房。住房公积金或社会保险均是由所在单位以及个人按一定的比例缴存，然而，农民工由于劳动力市场和就业制度的排斥，无法进入正规的公司或单位，其住房公积金或社会保险均无法缴存，因此农民工间接被《北京市公共租赁住房申请、审核及配租管理办法》排斥在外。

3．制度排斥下的选择：城中村社区的形成

住房是农民工在城市生活的基本条件，也是农民工及农民工子女城市融入的基本前提，然而农民工在城市中的住房状况或居住环境的选择是由经济收入和社会保障两个条件所决定。由于户籍的缘故，农民工受到了城市劳动力市场和城市就业制度的排斥，致使其经济收入较低。在经济收入较低的情况下，农民工又遭受城市社会保险制度以及住房保障制度的排斥，他们被迫选择了那些偏僻、破旧、房租较低、本市居民不愿意居住的地方，于是便形成了所谓的城中村社区。笔者曾就农民工子女家庭居住区选择意向，对两所打工子弟学校部分家长做过访谈。

（1）访谈丹丹父亲

笔者：您和您的家人是什么时候来北京市？

丹父：我是2006年下半年过来的，她（丹丹）和她妈妈是2008年才过来的。

笔者：从2006年开始，就一直居住在XG村吗?

丹父：对，一直都住在这儿，但中间换了几次房间。

笔者：房子是自己找还是当地政府提供的?

丹父：自己找。

笔者：当初为什么会选择居住在这里?

丹父：因为这边的房租也比较便宜，另外亲戚朋友都（居住）在这儿。

笔者：您现在住的地方都是外地的没有本地的?

丹父：都是外地的，本地的都搬出去了，收房租的时候才会过来。

笔者：您现在居住的房屋有多少平方米？一个月房租大概多少钱?

丹父：20平方米左右吧，一个月房租660元，不包括水费、电费和网费。

笔者：现在在北京的外地人可以租公租房住了，您知道这事吗?

丹父：知道，电视上和网上的新闻都报道过。

笔者：那您会去租住吗?

丹父：人家那是有条件的，要在北京市交几年（社会）保险、住房公积金才有资格租的，我现在都没交，就是想租都不够条件。（对丹丹父亲的访谈，20121107）

（2）访谈小程父亲

笔者：您和您的家人是什么时候来北京的?

程父：我是2000年来的，他（小程）哥哥和他妈妈是2001年来的，他是2003年来的。

笔者：您来北京就一直住在这儿吗?

程父：不是，刚来的时候是住地下室，搬过几次。

笔者：当初为什么会选择住地下室？是政府还是单位给安排的?

程父：是因为那时地下室便宜，两三百一个月（的房租），现在随便一个地下室都要一千多了。

笔者：后来是因为地下室房租涨价才搬出来的吗?

程父：这是一个方面，还有一个方面就是考虑那环境对孩子身体不好。

笔者：您现在住的房子有多大？房租一个月大概多少钱?

程父：现在住的房子有四十多平方米，光线好，一个月一千多一点点。

笔者：水电费都包括吗?

程父：不包括。

笔者：您现在住的地方有本地人居住吗?

程父：有，不过很少，他们（住在这儿的本地人）都是些跟我们一样条件不太好的家庭。

笔者：现在在北京市的外地人可以租公租房住了，您知道这事吗?

程父：不知道。

笔者：外地人只要能够提供同期暂住证、住房公积金证明或社会保险证明就可以去承租了。

程父：那我们肯定租不了，我只有暂住证，其他两项都没有。（对小程父亲的访谈，20121110）

4．小结：同质性居住环境的形成

户籍制度在制度层面上规定了农民及其子女的合法身份和合法居住地，也规定了他们享受相应教育、社会保障以及劳动就业等方面社会福利的合法地域。农民工及其子女进入城市后，他们就离开了制度上规定的合法居住地，从户籍制度层面来说，他们进入城市后便受到户籍制度的排斥。农民工及其子女在城市中遭受的各种社会排斥并不是孤立的，它们是相互联系的，户籍制度是各种社会排斥的根源。义务教育法在户籍制度的基础上以“在户籍所在地就近入学”，高额的借读费、赞助费以及凭相关证件等高入学门槛的规定，在制度层面上将农民工子女排斥在城市教育体系之外，农民工子女在这种教育制度的安排下，被迫选择了打工子弟学校，由此便形成了同质性学习

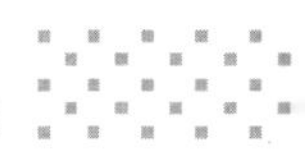

环境。农民工因为户籍所设定的制度身份而受到城市劳动就业与住房保障制度的排斥，结果是农民工不得不接受低工资而去做城市人不愿意做的工作。经济上的排斥、住房保障等社会保障的排斥，迫使他们进入城市偏僻而破旧的城中村居住和生活。而在这样的社区中，大多数居住者都是农民工家庭。

六、结论

我们发现打工子弟学校因缺少教育资源和规范管理，难以为学生提供与公立学校同等的教育。这样的教育设置已经成为阶层再生产的工具，农民工子女不可能通过教育向社会上层流动。此外，教育边缘化的另一后果是同质化现象严重。在打工子弟学校没有本地居民的孩子上学，学校没有本地户籍的教师，学校也几乎没有机会与公立学校有任何交流。因此，农民工子女难有机会与本地学生、老师和本地居民交流，学校已经不能为农民工子女融入城市创造机会。而且，由于打工子弟学校的边缘地位和不稳定状态，在这里就读的农民工子女很难从打工子弟学校考入公立学校。除了学校的同质性外，农民工子女的居住社区也呈现同质性的特征，这样的社区在某种程度上成为阻碍农民工子女和他们的家庭融入城市社会的屏障。

通过对农民工子女同质性生活环境和同质性学习环境的形成机制的分析和探讨，我们得出以下结论：

第一，制度安排是农民工子女城市融入的困境，也是形成农民工子女城市生活中高同质性环境的根源，更是其城市融入困境产生的根源。农民工子女在城市中之所以会处在这种高同质性学习环境和高同质性生活环境，完全是因为户籍制度为农民工子女设定了一种制度身份，而随着这种制度身份的确立，以户籍制度为基础的教育制度、社会保障制度以及劳动就业制度等一系列制度都对农民工子女的这种制度身份产生了排斥。因为农民工子女制度身份的缘故，《中华人民共和国义务教育法》就对其在城市上学作出排斥性规定，各地方以收取借读费、赞助费以及相关凭证等限制性条件将农民工子女排斥于城市教育体系之外，最终促成同质性学习环境形成。其父母因为制度

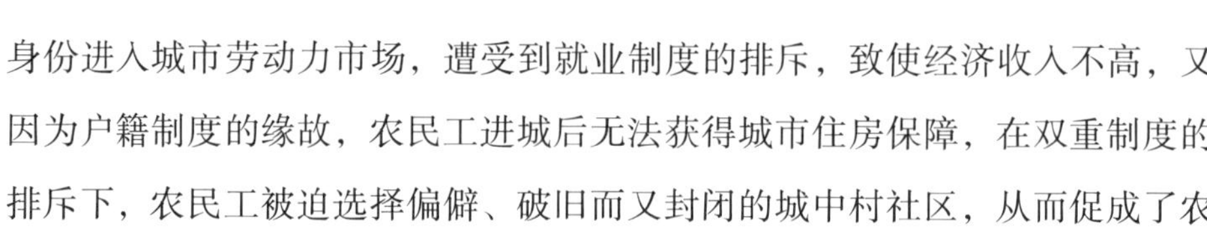

身份进入城市劳动力市场，遭受到就业制度的排斥，致使经济收入不高，又因为户籍制度的缘故，农民工进城后无法获得城市住房保障，在双重制度的排斥下，农民工被迫选择偏僻、破旧而又封闭的城中村社区，从而促成了农民工子女同质性生活环境的形成。

第二，城市生活中高同质性环境是农民工子女城市融入的客观困境。农民工子女所就读的打工子弟学校以及其生活的社区虽然坐落于城市中，但它们却位于城市中比较偏僻、破败而又封闭的地方。虽然它们离城市的中心不远，但却与城市恍若两个世界。同质环境空间上的边缘化与高同质性特征，减少了农民工子女与城市人群接触、交往的机会。学校的边缘化、教育的边缘化、教师的边缘化以及边缘化的社区文化，都在一定程度上阻碍着他们融入城市。对农民工子女的城市融入影响最大也是最关键的因素就是父母的工作。工作收入的多少直接影响到他们的生活环境和学习环境，父母的工作时间和强度在一定程度上迫使他们承担一定的家务活，减少了他们外出的时间和机会，也减少了他们同城市人群接触和交往的机会。

第三，同质环境背景下的同质互动与异质互动，让农民工子女对城市人群产生了不好的社会认同，使其在主观上对城市人产生偏见，从而排斥城市人群，这是农民工子女城市融入的主观困境。在同质性环境背景下，农民工子女通过学校的互动、日常生活的互动以及他人无意间传递的信息对城里人形成了不好的刻板印象，这种印象在群际比较过程中转换成了一种偏见，使得农民工子女对外地人群体产生偏好，而对城市人群体产生偏见，从而在主观上排斥甚至仇恨城市人群，这也减少了农民工子女与城市人群接触和交往的机会，在一定程度上阻碍了其城市融入。

第四，制度安排促使高同质性环境形成，也在一定程度上维持着高同质性环境的运行，制度安排与高同质性环境的双重叠加更加阻碍了农民工子女的城市融入。

第七章

农民工城市融合的现状与困境——对建筑业农民工的考察

通过第三章和第四章的内容我们已经了解，流动人口中的农村户籍者在收入水平、居住状况和职业地位方面与城市户籍的流动人口存在巨大差异，他们的经济融合状况和社会融合状况都差于城市户籍的流动人口。在第五章对流动人口社会融合的影响因素模型分析中我们发现，农民工主观感受到的“社会排斥”要强于城市户籍的流动群体。有关研究显示，尽管改革开放30多年来中国经济获得了举世瞩目的增长，但是中国的基尼系数却由改革之初的0.38上升到2006年的0.47，社会结构出现了两极化，而农民工正处于社会结构的底层（李强，2011）。30多年来，他们为中国的经济发展做出了巨大贡献，但是社会地位并未得到很大改善，而且相对贫困化日趋严重。农民工融入城市是社会发展的需要，也是社会发展的重要目的之一。我们认为，农民工城市融合状况与社会制度环境和他们的权益保障状况密切相关，因此我们应该从政策标的群体的经历和处境探讨他们融合的困境和如何融入的问题。本章我们选择农民工占90%以上的建筑行业，以建筑业农民工为研究对象，分析他们城市融合现状、面临的问题和他们的社会认同。

一、文献回顾与本章的研究思路

（一）文献综述

在第一章中我们已经了解，农民工融入城市问题已成为学界研究的热点，十年来有大量的研究围绕农民工与城市居民的社会距离、社会排斥问题和融入城市问题等做了调查与分析。学者们普遍认为流动人口的社会融合包括三个方面，即经济层面、社会层面和心理层面或文化层面，并且三个方面是依次递进的。即经济层面的适应是立足城市的基础；社会层面是城市生活的进一步要求，反映的是融入城市生活的广度；心理层面的适应是属于精神上的，反映的是参与城市生活的深度。而只有心理或文化的适应才说明流动人口完全地融入于城市。也有学者从城市化发展进程解释农民工的城市融合问题，即将融合过程分为集中化阶段、常住化阶段（过渡城市化）和市民化阶段（实质城市化）（王桂新等，2008）。这类研究的共同特点是将农民工的城市融合问题分为不同的层次或不同的发展阶段，并将经济因素作为农民工融入城市的首要条件。比如田凯认为农民工融入必须具备三方面的条件：第一，在城市找到相对稳定的职业；第二，职业带来的经济收入及社会地位能够形成一种与当地人接近的生活方式，并与当地人进行社会交往，从而使其具备参与当地社会生活的条件；第三，由于这种生活方式的影响和与当地社会的接触，使其可能接受并形成新的与当地人相同的价值观（田凯，1995）。

另一类研究是从社会资本和社会关系网来解释农民工的城市融合问题。美国社会学家波特斯首先注意到社会资本概念在移民研究中的重要意义。他认为移民过程中的每一个环节，诸如决定是否移民、向何处迁移，以及在迁居地定居下来如何适应当地生活等，都与移民的社会资本或社会网络密不可分（波特斯，1988）。从 20 世纪 90 年代中期开始，社会资本概念被引入对我国农民工的研究。彭庆恩通过对包工头的个案研究发现，包工头是利用关系网络来获得并巩固自己的地位。他认为关系网络构成了个人所拥有的关系资本，其作用超过人力资本等其他结构性因素（彭庆恩，1996）。赵延东也提出农民工在经济地位获得过程中，社会资本所扮演的角色比人力资本等因素更为显著，甚至连他们拥有的人力资本也可能要依靠其社会资本才能充分发挥（赵延东，2002）。

李汉林和渠敬东的研究发现，农民工群体的社会网络具有强关系的特点，即同质群体成员是构成农民工之间强关系纽带的基础。农民工的社会网络是围绕血缘、地缘和业缘等同质性关系构成，这种关系影响着农民工生活世界的建构过程（李汉林，2002；渠敬东，2001）。李培林认为流动民工在社会位置变动中对血缘、地缘关系的依赖可以降低交易费用，相对于他们可以利用的社会资源来说，是一种非常理性的行为选择（李培林，1996）。

（二）对已有研究的评价和本章的分析视角

笔者认为已有研究的不足有三点：第一，过于强调农民工的人力资本水平在其融入城市社会中的作用。尽管市场能力与农民工能否在城市找到较好的工作并在城市站稳脚跟有极为密切的关系，但众所周知，这个群体文化程度普遍不高，缺少专门的技术或技能，不具备较强的市场竞争能力。因此，不能将人力资本水平的高低作为农民工融入城市的必要条件，因为融入的含义不应该是他们的市场能力的问题。第二，强调社会网络或社会资本对融入作用的研究，忽略了这个群体的社会底层地位对其获取社会资源的限制。研究表明，社会职位（地位）越高则获取社会资源的机会越多，反之就越少（夏建中，2010）。作为底层群体的农民工，与他们交往的大多是与他们同样来城市打工的人，他们拥有的社会资源都极为有限。而已有研究并未表明农民工是如何提升自己的社会资本，如何在已有的强关系的基础上扩展出自己的弱关系，并以此去获取信息、机会以及必要的社会支持。并且，当日常劳动占据了他们绝大多数时间的时候，他们很少有时间和机会去与城市人群交往。第三，有关农民工融入的研究将这个群体抽象化为不分行业、职业、性别和年龄的群体，尤其忽视了农民工在具体劳动过程中的经历和体验。而正是这些日常生活和劳动过程中的经历和体验，才真实反映出农民工在城市中的处境，以及他们对自我的定位和对城市人的看法。所以，笔者认为应该从他们的城市生活和权益保障状况的角度来分析这个群体融入城市社会的程度。

那么，社会融合的意义是什么？我们应该如何研究农民工的城市融合问题？2003 年，欧盟在关于社会融合的报告中对社会融合给出如下定义：社会融合是这样一个过程，它确保具有风险和社会排斥的群体能够获得必要的机会和资源，通过这些机会和资源，他们能够全面参与经济、社会、文化生活和享受正常的生活，以及在他们居住的社会认为应该享受的正常社会福利。社会融合要确保他们有更多的参与生活和获得基本权利的决策机会（嘎日达、黄匡时，2009）。阿玛蒂亚 · 森（Amartya Sen）认为，共融社会或融合社会（inclusive society）是指社会成员积极而充满意义地参与、享受平等，共享社会经验并获得基本的社会福利。因此，融合是一个积极的过程，它推动了人类发展并确保机会均等。

我的理解，农民工的社会融合应该包括这样三个层次：第一，在制度和政策上，应该保证农民工与城市市民具有同等的机会参与社会经济活动，并享受同等的社会福利。第二，融合是促进社会发展的积极过程，在这个过程中，农民工的权益保障状况应该得到不断改善。比如，2003 年孙志刚事件后对收容制度的改革，以及近些年逐步完善的对农民工的各项保障政策，使这个群体在城市中能更加有尊严地生活。第三，实践层面的落实情况。政策和措施是否能落到实处，关系到农民工的权益保障能否实现的问题，这才是融入的关键，也是融入的必要条件。笔者以为，从政策或保障的落实层面入手，即从农民工具体的经历和享受到的权益状况入手，才是分析这个群体融入城市问题的最佳视角。由于这个群体规模庞大、职业分布很广，笔者认为不能用一个简化的农民工概念来分析这个群体的融入问题，因为不同行业的农民工有不同的特征，他们之间的群体差异很大。比如餐饮服务业以女性农民工为主，制造业的农民工主要是 80 后和 90 后的农民工二代，而且文化程度较高。而本章的研究对象是建筑业的农民工，他们是一个文化程度很低而且年龄偏大的群体。建筑行业一直以来以进入门槛低和工作危险成为那些缺乏市场竞争力的农民工首先选择的行业。本章通过对他们日常居住、劳动强度和

权益保障状况等方面的描述，探讨现有政策的执行缺位对这个群体融入城市社会的影响。

二、研究方法

改革开放以来，建筑业成为我国国民经济发展的支柱产业。据有关资料，在建筑业从业的一线人员中，90% 以上是农民工，农民工成为建筑工人的主体。而在农民工中，从事建筑业工作的人占到 10% 以上，建筑工是一个庞大的农民工群体。

本章的相关数据来自于天津、上海、广州、兰州和重庆五个城市的大规模问卷调查。本次调查是受国家住房和城乡建设部委托，由清华大学与中国社科院社会学方法研究中心合作，在全国范围内展开的有关建筑业农民工的工作、生活、流动和权益保障状况等方面所做的大规模问卷调查。问卷由农民工的个人及家庭状况、工作基本情况、劳动过程与劳动关系、培训情况、劳动权益状况、健康与休闲和对社会认知七大部分组成。问卷在预调基础上设计完成。社会认知部分采用了量表形式，由建筑工的工作和收入满意度、对自己社会地位的认知、对城市人的看法、对农民身份的认知和对劳动中形成关系的认知等多个层面组成。调查获有效问卷近 5 000 份，这是目前为止规模最大的建筑业农民工调查。

由于建筑业农民工的高度流动性，建管部门和施工单位都不能提供其管辖范围内的有关在建项目的建筑工群体规模的资料，因此不可能建立全国分地区的在建项目名册，以及对应建筑工群体规模的初级抽样框（PSU）。所以在第一阶段，我们采用立意抽样，按地理位置将全国划分成华北、华东、华南、西北和西南五个大区，对于每个地区，我们选出一个中心城市作为调查点，并将 5 000 个样本平均分配到五个中心城市。为了避免对调查工作可能造成的干扰，在华北地区没有选择北京而是选择了天津。

在每个中心城市，我们通过当地建管部门收集该市全部的在建项目清单，按等概率抽址方式，抽取该市 25 个在建项目。之后进入每个项目所在的建筑

工地，在施工现场按系统抽样方式抽取 40 名农民建筑工。如此，在每个城市完成 1 000 份对建筑工的问卷调查。[①]

在五个城市，我们共收到有效问卷近 5 000 份，回收率达 99%。这是迄今为止规模最大、分布最广的建筑工人调查。

此外，笔者还长期深入工地，亲身经历了农民建筑工的劳动过程，并通过参与观察和深度访谈等方法，深入了解农民建筑工的日常居住、生活消费、权益保障、劳动经历和社会认同等方面的情况。

三、建筑业农民工城市融合的现状与困境

（一）建筑工群体的基本特征

1. 户籍、性别和年龄特征

对五个城市的调查显示，94% 的建筑工是农业户口，即农民身份。天津、上海、广州、兰州和重庆的建筑工中，身份为农民的比例分别为 95.2%、93%、92.1%、98.9% 和 91.7% 。其中兰州市建筑工为农民的比重高达 98.9%。

建筑工作因其高强度、高危险性和高流动性等特点，一般认为是男性从事的职业。在我们调查的 5 000 个样本中，男性占了 93.8%，天津甚至高达 97.2%（见表 7—1）。

表 7—1　　建筑工的性别分布　　单位：人，%

性别	天津		上海		广州		兰州		重庆		合计	
	N	百分比	*N*	百分比	*N*	百分比	*N*	百分比	*N*	百分比	*N*	百分比
男性	972	97.2	954	95.4	935	93.5	932	93.2	898	89.8	4 691	93.8
女性	28	2.8	46	4.6	65	6.5	68	6.8	102	10.2	309	6.2
合计	1 000	100.0	1 000	100.0	1 000	100.0	1 000	100.0	1 000	100.0	5 000	100.0

资料来源：2006 年建筑工调查。

他们的平均年龄 35.1 岁，年龄最小的只有 16 岁，最大的 69 岁。而从建筑工的年龄结构来看，20 岁以下的占 7.9%，21 ~ 30 岁的占 20.1%，31 ~ 40

① 编制初级抽样框需要入选城市提供该市的农民工按工地的规模分布，而建筑管理部门并不掌握也从未统计过这一信息。因此，初级抽样采用了按址的等概率抽样方式，而在建筑工地采用系统抽样方式。

岁的占40%，41 ~ 50岁的占24%，51 ~ 60岁的占7.3%，61岁以上的占0.5%。总之，30岁以上（不包括30岁）的建筑工占了72%。可以说，建筑工是由农民工组成、以青壮年男性为主的群体。

在问卷调查和日后的工地访谈过程中，我们还发现，在这个以60后和70后为主的建筑工群体中，尽管有1980年以后出生的农民工，但这些人做建筑工的时间都很短。由于工作非常辛苦、工资相对不高（他们基本上是做小工工作），又不能按月领取工资，很多人在工期结束后就转入制造业和商业服务类行业。当我们问那些年纪较大的建筑工，他们的孩子是否也做建筑工或者是否希望自己的孩子以后也做建筑工时，他们都毫不犹豫地说，只要能去做别的工作就不让自己的孩子来搞建筑，因为这种活太苦、太危险，不能让自己的孩子也受这种苦。

2．受教育程度

总体上，建筑工的受教育程度不高。由表7—2可以看出，在建筑工的受教育程度的分布中，“初中毕业”的比例最高，为43.8%，“小学毕业”和“初中没毕业”的占28.8%，高中毕业的占10%，而中专和大专以上学历的不到5%。可以说，近一半的建筑工都没完成国家规定的九年义务教育。

表7—2　　建筑工的受教育程度分布　　单位：人，%

文化程度	天津		上海		广州		兰州		重庆		合计	
	N	百分比	*N*	百分比	*N*	百分比	*N*	百分比	*N*	百分比	*N*	百分比
没上过学	24	2.4	39	3.9	23	2.3	75	7.5	26	2.6	187	3.7
小学没毕业	44	4.4	81	8.1	58	5.8	160	16.0	96	9.6	439	8.8
小学毕业	114	11.4	132	13.3	136	13.6	149	14.9	193	19.3	724	14.5
初中没毕业	150	15.0	132	13.3	177	17.7	136	13.6	119	11.9	714	14.32
初中毕业	501	50.1	469	47.1	443	44.3	346	34.6	428	42.9	2 187	43.8
中专/职高/技校	51	5.1	44	4.4	52	5.2	10	1.0	38	3.8	195	3.9
高中	107	10.7	89	8.9	101	10.1	124	12.4	8t4	8.4	505	10.1
大专及以上	9	0.9	10	1.0	9	0.9	0	0.0	14	1.4	42	0.8
合计	1 000	100.0	996	100.0	999	100.0	1 000	100.0	998	100.0	4 993	100.0

资料来源：2006年建筑工调查。

由以上分析可以看到，建筑工是以农民身份、青壮年男性为主，受教育程度较低，并且不具备较高的市场能力的农民工群体。

（二）与城市居民隔离的居住和生活方式

1. 居住与生活状况

居住和生活方式与农民工融入城市密切相关。当这个群体只能漂泊在城市空间，只因打工才在城市停留的时候，他们的根和自我归属还是他们的农村老家。由于没有家人的陪伴，他们在城市的生活只能是暂时的，这样一种拆分式的生活方式使得他们只可能是城市的过客。我们对五个城市的调查数据显示，5 000 名建筑工中，已婚比例达 78.8%，但和配偶共同居住的只占 25%，配偶在老家的建筑工的比例为 64%，有 4% 的建筑工的配偶在其他城市，还有 6.4% 的人的配偶与他们在同一城市但不居住在一起（见表 7—3）。两地分居式的生活是建筑业已婚农民工长期以来不得不接受的现实。

表 7—3　建筑工配偶居住地分布　单位：%

配偶居住地	天津	上海	广州	兰州	重庆	合计
本市/同住	15.6	24.1	30.1	15.0	39.8	25.4
本市/不同住	4.0	6.0	9.2	1.3	10.5	6.4
老家	78.0	66.1	52.0	81.8	46.4	64.2
其他地区	2.4	3.8	8.7	2.0	3.3	4.0
合计	100.0	100.0	100.0	100.0	100.0	100.0

资料来源：2006 年建筑工调查。

居住在城市却仍旧与城市居民隔离。数据显示，78% 的建筑业农民工住在工地的工棚或移动板房内，9.5% 的工人住在雇主安排的工地之外的宿舍，另外还有 2% 的工人露宿，很少有工人在工地外自己租房住。

2. 对居住与生活现状的分析

建筑业因工期长、易受气候影响等因素，工人们常常为了赶工而住在工地，这很正常。但是，农民建筑工多少年来常年居住在工地，远离城市社区、远离亲人，日复一日只有工友相伴而无家人陪伴的生活方式，不仅其他国家

的建筑工不是如此，即使在中国改革开放前的建筑业，建筑工也只是有时住在工地而不是常年这样生活。建筑业体制改革后，当建筑工的主体由城市人转变为农民工时，他们就开始了这样长年累月在城市工地的生活。此外，建筑工们的宿舍非常拥挤，虽然建管部门曾经作出“建筑工宿舍人均面积不得少于两平方米”的规定，而实际上很多工地宿舍的人均面积根本不足两平方米。

这种与城市居民隔离的生活和居住方式，实则反映出两个方面的问题：第一，资方把农民工当作廉价劳动力使用，根本不考虑他们家庭生活的需要，而且他们的工资中也不包括他们及其家人在城市生活的成本。资方提供的仅是劳动者维持生存的空间（宿舍）和维持本人劳动力再生产的工资，因此，农民工不可能携带妻儿在城市生活，这是资本本性使然。第二，为什么从事如此危险和繁重工作的人只有农民工而没有城市人？这并非这个群体人力资本水平低所致，笔者认为，囿于他们特定的农民身份，他们能享受的社会公共资源（或服务）远远少于城市人。比如他们在城市中没有低保、失业和住房等方面的保障。这些必要的公共物品的缺失，削弱了他们与资方讨价还价的能力，致使他们接受了较低的工资价格，而且只能过着拆分式的家庭生活。因此，由于现行政策将农民工群体与城市人群区别对待，将他们只是作为经济发展的手段和参与城市建设的劳动要素，其结果是使他们不得不像候鸟般流动，并始终保持着对城市社会的二元忠诚。可以说，农民工城市融入的困境是制度缺失所导致的结果。

（三）劳动权益受损

建筑工权益受损主要表现在四个方面，即超长的劳动时间、欠薪支付、缺少劳动合同、缺少工伤保险和医疗保险。

1. 超长的劳动时间

劳动法规定，劳动时间为每天不超过 8 小时，每周不超过 40 小时。而我们的调查数据显示，各城市建筑工每日工作时间为 11.64 小时，标准差只有

1 小时。而且，建筑工平均每月仅休息 2.9 天，17.5% 的工人每月从不休息，并且 83% 的人不享受带薪假日。此外，在夏季赶工期间，工人每天的劳动时间都长达十六七个小时，高温环境下作业，他们没有任何防护，也没有防暑降温补贴。

2．欠薪支付

除了劳动时间过长、无带薪假日外，建筑工很少能按月领到工资，通常是分包老板每月向工人支付 300 元左右的零花钱，工资到年底才能结清。这在其他行业不曾出现，改革开放前的建筑工也没有这样的经历。对五个城市的调查显示，建筑工的工资支付方式是：平时每月部分支付到年底清账的占 54%，每月部分支付按季清账的占 14%，每天或每月支付的仅占 32%。而在天津和上海，按月或按天全额支付的比例仅有 19% 和 14%，大部分工人不能按月领到工资。

3．缺少劳动合同

按照劳动合同法的规定，工人在进入劳动过程之前，劳资双方应签订正式的劳动合同。签订合同可以明确劳资双方的权利和义务，对于建筑工有重要的意义，但事实上建筑工们却很少签订劳动合同。从我们的调查中可以看到，愿意签劳动合同的农民工占 79%，不愿意签的仅占 10%。尽管绝大多数建筑工都愿意签订劳动合同，但是在 5 000 名被调查的农民工中，仅有 47% 的人签了劳动合同，53% 的人没有签劳动合同，多于半数的建筑工没有签劳动合同。

4．缺少工伤保险和医疗保险

建筑业是一个高危行业，高空坠落、打击、电击、轧伤等工伤事故时有发生。工伤保险属于强制性保险，资方本应无条件为每一位建筑工人办理，但是在我们统计的 125 个工地中，半数以上（51%）的工人告诉我们他们没有工伤保险，12% 的人不知道自己是否有工伤保险，仅有 37% 的人明确知道自己有工伤保险。如此低的保险比例，再加上缺少劳动合同，一旦事故发生，

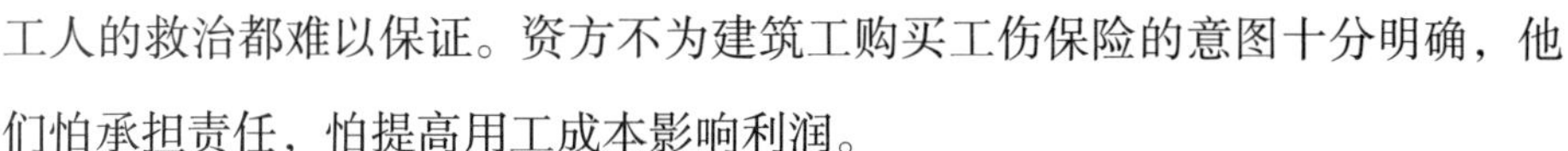

工人的救治都难以保证。资方不为建筑工购买工伤保险的意图十分明确，他们怕承担责任，怕提高用工成本影响利润。

与工伤保险相关的医疗保险的投保率也非常低。在 5 000 名建筑工人中，没有医疗保险的人占多数，比例为 60%，而办理医疗保险的仅占 31%，还有 9% 的工人不知道自己是否有医疗保险。

5．对劳动权益受损的分析

可以看到，建筑工的合同权、收益权和工伤、医疗保障等权益严重缺失，这势必会影响到他们的城市社会融入。这种影响表现在三个方面：第一，限制了他们的市场能力。超长的劳动时间和欠薪支付实则降低了建筑工的经济收入，并且将这个群体束缚在工地，限制了建筑工自由选择工作的能力。第二，这个群体缺少必要的组织资源。欠薪、没有劳动合同、缺少必要的工伤和医疗保险等，说明这是一个缺少组织资源的群体。在调查中我们询问过每个工地的工会设置情况。尽管 51% 的工地都有工程项目工会，但进一步的调查中我们发现，工地的工会是由项目部组建，也就是由总包方或工地最高的分包方组建，他们不可能代表工地最底层的建筑工的利益。而且工会会员基本上是总包的管理人员和技术人员，没有农民建筑工。因此，便出现了这样一种结果：在 2003 年时任总理温家宝为一四川农妇之夫“讨薪”之后，尽管政府部门又严格了各项法律法规并再三强调要保护农民建筑工的权益，但是没有一个组织（如工会或者行业协会等）为落实这些规定提供全程的监督和服务。第三，政治上的弱势化。长期的权益受损不仅使得这个群体的经济能力和市场能力处于弱势地位，而且还进一步加剧了他们社会地位的边缘化和政治上的脆弱性。他们是无声的群体，而且被贴上污名化的标签，受到社会其他群体特别是城市人群的排斥。只要其他群体感受到他们的空间、他们所享受的公共服务受到侵占时，农民工就成为被排斥的主要目标。权益受损削弱了这个群体的经济地位、社会地位和政治地位，这势必会影响到这个群体的城市社会融入。

（四）与城市的疏离

在这样一种缺少劳动保障且与城市几乎隔离的生活方式中，建筑工们又是如何看待城市人，如何定位自己的？我们用量表就建筑工对自己的定位和对城市人的看法进行了调查。

1．对户口造成的差异非常敏感

由表 7—4 我们看到，56.7% 的建筑工认为“农村户口”是他们与城市人的主要区别，而对此表示不同意的农民工仅占 31.2%。可以发现，超过半数的建筑工对城乡户口所导致的差别十分敏感。而且 45.5% 的人认为没有城市户口要处处小心，显然，他们感受到自己是城市的外来者和闯入者，无论哪个方面都与城市人不同。

2．感到不被城市人信任

对于“多数城里人不相信我们”，5 000 名建筑工人中，有 46% 的人同意，有 35% 的人不同意，还有 19% 的人觉得说不好。对于“城里人看不起我们”，有 45% 的人表示同意，37% 的人表示不同意，而未置可否的人占 19%。这说明相当多的农民建筑工与城市人之间存在很大的社会距离，他们认为城市人对他们缺乏信任，而且受到城市人的歧视。

3．希望与城市人交往

对于“我们一般不和城里人交往”，同意的人占 41%，不同意的人占 44%，另有 15% 的人觉得说不好。不同意的人数超过同意人数这一事实说明，建筑工们并不排斥同城市人的交往，尽管他们认为自己与城市人有差别，但是他们向往过上与城市人一样的生活。

4．对农民身份的敏感

对于自己的农民身份，建筑工都非常敏感。5 000 名建筑工中，认为农民工还是农民的占 69.4%，只有 19% 的人表示不同意，不同意的比例占不到 1/5。在表 7—4 所有选项中，对身份的敏感程度超过其他选项（户口、与城里人交往等），同意“农民工还是农民”的比例最高，而且人数占绝对多数。

表 7—4　　建筑工对城市人的看法　　单位：%

分类	完全同意	比较同意	说不好	比较不同意	完全不同意
农村户口是我们与城里人的主要差别	33.4	23.3	12.1	14.0	17.2
没有城市户口要处处小心	25.5	20.0	13.3	17.2	24.0
多数城里人不相信我们	24.4	21.5	18.9	18.7	16.5
城里人看不起我们	24.8	19.8	18.6	17.2	19.6
我们一般不和城里人交往	22.7	18.7	14.7	21.1	22.9
农民工还是农民	51.1	18.3	11.5	7.8	11.3

资料来源：2006 年建筑工调查。

对身份的敏感表明，建筑工已经深切感受到自己的处境和受到的待遇与农民身份密切相关，身份决定了他们的社会地位，也决定了他们的社会认同。

四、制度身份、权益保障与城市融合

本章以建筑工群体为例，从他们的城市生活、权益保障状况以及自我认同等方面描述了他们的现实处境及融入城市社会的现状。从对相关文献的分析来看，那些从人力资本、社会网络和社会资本视角讨论农民工城市融入的研究，实际上是将农民工视为不同的个体，将他们拥有的市场能力（包括受教育程度、收入等）和社会交往（特别是与城市人有无交往）等作为分析影响融入的关键因素，忽略了制度安排对这个群体融入城市过程的作用。而笔者从农民工的现实处境和权益保障状况入手，探讨现有制度安排和法律法规的落实状况对这个群体融入城市社会的限制与影响。

建筑工的城市融合问题诚然与他们人力资本水平低和社会资本匮乏有关，但是，我认为制度和制度实践过程出现的问题，特别是该群体的权利（权益）长期得不到保障的问题，才是阻碍农民工城市融合的症结所在。

（一）制度身份、市场能力与社会地位

起源于计划经济时期的户籍制度，将城市人和农村人分为两类不同的人群，从那个时期开始，社会资源的分配就向城市倾斜。改革开放后，这种行政主导下的以身份制为基础的二元社会分配结构仍旧没有改变，尽管农民可

以离开土地到城市打工，但是在属地化管理的思路下，这个群体在住房、养老、医疗、就业和失业等方面的保障程度远不如城市居民，他们享受不到城市市民的待遇，而且在城市中居住、就业等方面还受到种种制度限制。无形中他们在市场中的讨价还价能力和竞争能力都因此被削弱，无论他们是否有技能，都不可能得到与城市人同等的工资待遇，他们被资方当作廉价劳动力使用。

农民身份使得他们在成为廉价劳动力的同时，也使得他们的地位边缘化了。农民工只能做城市人不愿意做也不屑去做的工作，比如建筑工、环卫工、制造业工人、废品回收工、餐饮服务员等。在城市，农民工被视为二等公民。在这些属于农民工的职业中，没有城市人与他们为伍，他们也很难利用工作机会与城市人交往，发展自己的弱关系，积累社会资本。

培训农民工的技术和技能很有必要，也确实能帮助他们在城市站稳脚跟，但是融入本身不是市场能力的问题，当先前的制度仍旧保持了其影响力的时候，市场化本身不能促进这个群体的融入和对市民权的获得。

（二）政策沿革、认知与融合

从 20 世纪 80 年代开始，我国在解决农民工问题的有关社会政策和管理思路上发生了巨大变化。1982 年国务院颁布了《城市流浪乞讨人员收容遣送办法》，1991 年作出修订，将收容遣散对象从“乞讨者和无生活着落者”扩大为“无合法证件、无固定住所和无固定经济来源者”。2003 年孙志刚事件后，国务院废止了收容遣散制度，颁布了《城市生活无着的流浪乞讨人员救助管理办法》。2006 年年初，国务院发布《关于解决农民工问题的若干意见》。这期间，国务院发布《劳动保障监察条例》，原建设部发布《建设领域农民工工资支付管理暂行办法》，原劳动和社会保障部全面启动“劳动合同三年行动计划”。从收容遣散到保护救助，从社会排斥到城市融合，政府的工作思路发生了变化，农民工身处的制度环境得到了很大改善。但是从调查中我们看到，农民建筑工的自我定位和对城市人的看法并没有很快转变。这是因为：首先，长久以来对农民工的社会排斥在他们身上已经打上很深的烙印，这种认同很难在较短时间内发生改变；其次，直至目前，仍有许多保障农民工的政策没有落到实处。例如，在建筑业依然存在劳动时间过长、拖欠工资和不签劳动合同等严重损害建筑工权益的问题。这些都将影响到这个群体的自我认同和社会融合。

总而言之，解决农民工城市融入的困境，一是要制定公正的社会政策，将解决农民工的城市融入问题与整个社会发展关联起来；二是必须将现有政策落到实处，真正起到保障农民工权益的作用，从而缩小这个群体与城市其他群体的巨大差距。

第八章

农民工社会认同的形成研究——以建筑业农民工为例

一、问题、理论与研究思路

2011年年末国家统计局公布的数据显示，我国城镇人口的比重首次超过农村。这标志着我国已经进入了以城市化为主的新的发展进程。我国的城市化不同于欧美国家，关键是要解决农民工融入城市或农民工市民化的问题。在庞大的城镇人口群体中，农民工数量超过2亿。他们常年工作、生活在城市，却依旧是农民身份，不享受市民待遇，因而也难以融入城市。因此，农民工能否融入城市、如何融入城市，关系到中国的城市化以及中国未来的发展模式。农民工融入城市的过程也是他们脱离原来的社会环境，重新定位自我，确立社会认同的过程。因此，对于研究他们认同的形成过程具有重要意义。

社会认同是群体对自身状况和外在环境的综合反映，受制于社会历史结构，是群体对自身的社会经历、制度安排和社会地位的意义的建构过程。一般认为，认同受到性别、种族、宗教、身份和职业等因素的影响。

农民工具有怎样的社会认同？如何看待自己的身份和地位？现有研究主要从三个方面加以分析：①农民工因人力资本缺乏（受教育程度低和缺少技能），不具备市场竞争力，客观上影响了他们的融入和对城市的认同。②户籍制度的屏蔽作用，使农民工无法享受流入地的社会资源，因而令他们产生了与城市的距离感。而且大量农民工子女在城市的教育问题远未解决，也影响他们的社会认同。③社会网络与认同。尽管社会网络能降低农民工寻找工作的成本并为他们适应城市环境提供经济和精神上的支持，但是这种以初级群体为基础的社会网络却强化了农民工的亚生态环境，影响农民工生活世界的建构过程，阻碍了他们对城市的认同。此外，在实证操作层面，一些学者将农民工疏离于城市而呈现的社会认知分解为不同的方面，如对农民身份、职业、乡土、社区、组织和未来的主观认同，或为对自己身份、情感归属和未来行动归属的主观认同。还有将农民工的个人特征、市场能力、制度压力及社会网络作为解释变量来分析农民工的城市认同的形成。

这些研究的共同点是：第一，强调他们的社会认同是由社会制度安排所决定，将农民身份作为该群体最主要的特征，以此将他们区分为不同于我们的群体。第二，将他们视为劳动力，以社会资本和人力资本解释他们融入城市的困境。尽管这些研究为我们分析农民工社会认同提供了有意义的分析思路，但是还存在三点不足：①只看到农民工作为农村人与城市人的关系，忽略了农民工作为劳动者与雇主和工友的关系。②忽略了特定的社会情境。农民工以打工为目的来到城市，他们的体验来自于他们的劳动与生活，这与他们认同的形成密切有关。③缺少群体成员的主体性。尽管也有研究将他们按代际划分或者将某地区农民工作为研究对象，但是他们被简单化为不分职业、性别或年龄的群体，这些研究都未涉及宏观的制度结构如何建构群体内部关系的问题，特别是在微观过程中，他们如何看待群体成员资格和形成群体的过程。我研究的问题是：在特定的社会制度背景下，农民工形成怎样的认同？宏观的社会制度是如何影响他们的劳动和生活并构建出他们内部的关系以形成社会认同的？

（一）分析思路与研究假设

按照社会身份论，社会认同由三个基本历程组成：类化、认同和比较。类化是指人们将自己编入某个社群，认同是认为自己拥有该社群成员的普遍特征，比较是评价自己认同的社群相对于其他社群的优劣、地位和声誉。对于农民工群体而言，类化、认同和比较都与他们目前所处的社会地位和制度身份密切相关，社会结构对群体形成具有不可忽视的作用。但是认同不仅有结构性的一面，它还是一种心理感受。当个体知晓他归属于特定的社会群体时，他所获得的群体资格会赋予其某种情感和价值意义，在心理上形成对该群体的归属感，并且群体的特征会影响个人对自我的评价。因此，对农民工的社会认同研究既要关注他们与外群体的比较和感受，还应关注成员彼此之间的关系，特别是群体的归属感问题。此外，若不引入具体的社会情境，没有该群体成员的日常工作生活状况，我们很难说明群体是在何种条件下形成，成员内部又是怎样的关系。因此，研究不仅要关注制度和农民工社会位置对他们形成的排斥作用，还要关注他们的日常生活与劳动，特别是宏观制度结构如何影响到他们生存的微观过程，农民工在具体的环境下的经历和体验，以及对社会和自我形成怎样的认知。

本章以农民建筑工为研究主体，分析他们在共同的生活中形成了怎样的认同，分析宏观制度如何影响他们在城市中的劳动与生活，特别是在具体的劳动过程中，他们如何建构出内部关系并形成社会认同。

之所以选择建筑业农民工作为研究对象，主要原因有三点：第一，他们常年生活在城市，干着城市人最不愿意干的危险工作，处于城市的边缘；第二，农民建筑工人数巨大，他们占全部农民工的比重已经超过 30%；第三，职业地位低下。如果按职业地位排序，建筑工和矿工都处在职业地位的末端，他们不具备市场竞争能力，也不拥有较多的社会资本。现提出如下研究假设：

假设 1：制度身份的影响渗透到他们劳动过程和日常生活的各个方面。农民工是在亲身经历中形成社会认同。

假设 2：认同来自于劳动力的日常生产与再生产的体验，这些体验足以促成他们自己不同于城市人的身份认同和模糊的职业认同。

假设 3：地缘和亲缘关系影响包工队的组织过程和劳动过程，同时也影

响农民工群体认同的形成。

（二）研究方法

本章的相关数据来自于五个城市的大规模问卷调查。此外，笔者还深入“田野”，通过参与观察和深度访谈方法了解农民建筑工的日常生活和劳动状况。可以说，是以定量与定性结合的方式探索农民工与城市的距离感、身份认同和群体形成过程。数据来自于2006年清华大学与中国社科院社会学方法研究中心在全国范围内展开的有关建筑业农民工的生产、生活及权益保障等方面所做的大规模问卷调查。调查获有效问卷近5 000份，这是到目前为止规模最大的建筑业农民工调查。

二、建筑工的基本信息

（一）建筑工是第一代农民工为主的群体

建筑业是国民经济发展的支柱产业之一。21世纪以来，这一产业突飞猛进地发展。2006年其产值达到41 557.16亿元，占国内生产总值（GDP）的比重达到19.7%，年增长速度在20%以上。在目前大约1.5亿的农民工中，30%以上的人从事建筑业工作，建筑业至少聚集了4 000万左右的农民工。据有关报道，一线建筑业的从业人员中，农民工占90%以上，农民工构成建筑工人的主体。

我们的问卷调查显示，5 000个样本中，男性平均占93.8%，平均年龄是35.1岁，年龄中位数为35岁，众数为38岁，这是以男性青壮年为主的群体。五个城市平均年龄最低的是兰州市（32岁），最高是上海市（37岁），但两城市相差不到5岁。从年龄结构看，16～30岁占31%，31～40岁占41.5%，41～50岁占18%，51～69岁占6%。累计30～44岁的建筑工比重为56%。不难看出，这是一个以第一代农民工为主的群体。

（二）农业户口、拆分式居住

我们的数据显示，平均94%的建筑工是农业户口。天津、上海、广州、兰州和重庆五个城市农民工的比例分别为95.2%、93%、92.1%、98.9%和

91.7%。为什么这个行业农民工占绝对多数？这与它的职业特征有关。建筑工的工作既苦又累，而且工伤甚至危及生命事件时有发生。这是城市人最不愿意从事的职业，也是城市就业保障部门不设置任何限制的行业。而这样的工作就只有农民身份的工人去做，因为他们没有城市人的保障，也就没有更多的选择余地。所以，自改革开放后，各大建筑公司不再招收正式职工，以前的城市职工陆续退休或转行，建筑工地就只剩下农民工在做工。

建筑工中，已婚者占大多数。其中，未婚占 18.9%，已婚有配偶的占 80%，丧偶和离婚后未再婚者占 1.1%。但是，建筑工能与妻子同在一个城市并居住一起的仅占 25%，大多数建筑工的妻子在老家，这一比例为 64%。

三、认同建构的过程

（一）建筑工与城市的距离

认同来自于他们的亲身经历与现实处境，建筑工在城市中的劳动和生活感受是他们社会认同的主要来源。这些都表现在他们的居住、交往和劳动时间等方面。

1. 居住与城市的隔离

我们的调查表明，78% 的建筑工居住在工地内，工地外居住的工人中，8.3% 的工人自己租房居住，9.5% 的工人在雇主安排的宿舍中居住，另有 2% 的工人露宿。工人的住房不能说不简陋。无论工棚、帐篷、简易房，冬天都不取暖，夏季酷热难耐，冬天寒冷刺骨，而且居住拥挤。简易房一般是上下铺，小房间 6 ~ 8 人，大房间 12 ~ 14 人。他们每天工作至少 12 小时，基本上在工地吃饭。当围墙把工地和工人的住地包围起来的时候，他们实际上就已经形成了与城市的距离。居住简陋没有家人陪伴，只能让他们感受到自己是临时过客，是为了打工而来到城市。

2. 交往圈的同质化：除了工友就是老乡

工人的交往圈子很小。当被问及平时的休闲伙伴时，86.8% 的人回答是老乡、工友和家人（同在工地或同在一个城市打工），还有 9.5% 的人回答没

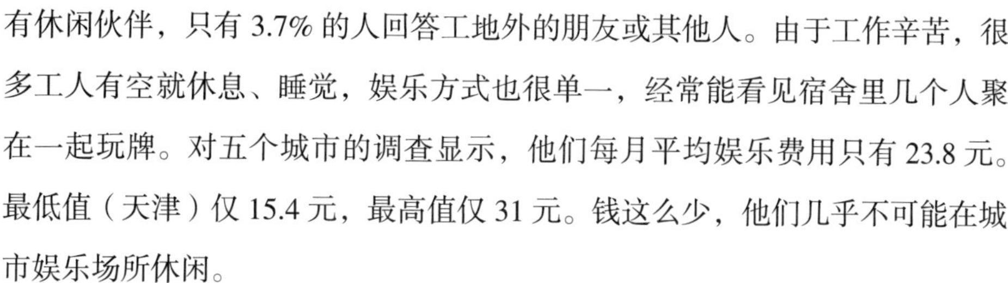

有休闲伙伴，只有3.7%的人回答工地外的朋友或其他人。由于工作辛苦，很多工人有空就休息、睡觉，娱乐方式也很单一，经常能看见宿舍里几个人聚在一起玩牌。对五个城市的调查显示，他们每月平均娱乐费用只有23.8元。最低值（天津）仅15.4元，最高值仅31元。钱这么少，他们几乎不可能在城市娱乐场所休闲。

3．长时间劳动、低水平消费

问卷显示，建筑工的工作时间平均为11.64小时，标准差只有1小时，各城市没有差别。每天中午包括吃饭在内的休息时间平均为96分钟，每月平均休息2.9天，而17.5%的工人每月从不休息，83%的人休息时不拿工资。建筑工不享受带薪假日，每日工作时间不是8小时而是12小时。这是城市任何企事业单位不曾有的工作制。虽然在城市居住，但除了购买必要的生活用品外，建筑工们很少消费。由五个城市数据可知，他们每月平均支出仅481元，这包括伙食费、通信费、烟酒费用、交通费、购买劳保用品和休闲娱乐费用。显然，他们是在一种勉强维持生存的状态下在城市生活。

因此，对“我们已经是城里人”一题的回答，仅20%的建筑业农民工表示同意，80%的建筑业农民工不认为他们自己是城里人。这种主观表达实则是他们在城市中的亲身感受的反映。

（二）对农民身份的认同

2003年9月召开的中国工会十四大提出，“农民工已经成为我国工人阶级的新成员和重要组成部分”。2004年年初出台的中央“一号文件”（《中共中央、国务院关于促进农民增加收入若干政策的意见》）第一次明确认定“进城就业的农民工已经成为产业工人的重要组成部分”。两个文件将农民工归为工人阶级的成员，重新确定了农民工的社会地位，并表明农民工应该享有与产业工人同样的待遇。作为工人阶级一部分的农民工，他们的身份认同是什么？对自己的职业认同又是什么？这次调查对“农民工还是农民”这个问题，5 000份问卷中有69%的人表示完全同意。绝大多数建筑工还是将自己定位成农民。

尽管干着工人的工作，工作性质和工作环境改变了，但是“他们”对农民身份的认同还是没有改变。为什么这些常年在城市做建筑工的人仍旧认为自己是“农民”？

1. 拆分式的劳动力再生产模式

农民工常年在城市打工，但是他们的父母和孩子却只能在农村生活，因为他们挣的钱不可能维持一家人在城市的生活。这种拆分式的再生产模式，实际是资本以低工资使用农民工所致，它是以往社会不平等制度安排在市场转型期后得到延续的表现。这种拆分式的劳动力再生产模式，使得农民工像候鸟一样定期返回家乡，他们始终保留着对工厂和城市的二元忠诚，以及对乡村和土地的依赖。因此，在这样一种拆分式的劳动力再生产模式条件下，建筑工始终保持对农民身份的认同。

2. 缺失的权利：收益权、合同权、工伤与医疗权利以及住房权

农民工的农业户口并非单纯的户籍类型，它所对应的是农民工不同于城市市民的待遇或保障问题，实质是农民工权利的缺失。长期以来，建筑工（包括其他行业农民工）不仅不享有城市人的医疗、养老和最低生活保障以及其他居住在城市的权利，而且还常常不能按时得到甚至得不到自己的劳动所得，他们不享有基本工伤保险。他们尽管是一线建筑工，却完全不同于城市原来的建筑工人。从数据分析中我们看到，缺失具体表现在收益权、合同权、工伤与医疗权利以及住房权方面。

（1）收益权的缺失

城市职工都享有带薪的法定节假日，按月领取工资，而且每日工作时间不超过 8 小时。但建筑业农民工每日工作时间一般都在 12 小时。他们是干一天计一个工，没有节假日。没活干或者生病时，他们就没收入。

从工资的支付方式看，他们很少按月领到工资而是平时领取少量零花钱，等到年底才能结清。据我们的调查，平时每月部分支付到年底清账的工人占

54%，每月部分支付按季结清的占 14%，而每天或每月支付的仅占 32%。大部分工人不能按月领到工资。这种现象，绝不是建筑业行业特点导致的结果。实际上，在世界其他国家的建筑行业中，建筑工一般都是按月领取工资，而且工资额度和发放间隔都受到保护。但对于中国的建筑业农民工来说，欠薪已经司空见惯，并且还在延续。

（2）合同权的缺失

劳动合同法规定劳资双方应签订正式的劳动合同，但建筑农民工却很少签订劳动合同。从数据看到，愿意签劳动合同的农民工占 79%，不愿意签的仅占 10%。但是，我们调查的 5 000 名农民工中，仅有 47% 的人签了劳动合同，而 53% 的人没有签劳动合同。

（3）工伤与医疗权利的缺失

建筑业是一个高危险的行业，高空坠落、打击、电击、轧伤等时有发生。工伤和医疗保险应该是建筑工人最基本的保险项目之一，并应该由资方为工人投保。但是在我们进入的 125 个工地中，半数以上（51%）的工人告诉我们他们没有工伤保险，大约 12% 的人不知道自己是否有工伤保险，仅有 37% 的人明确知道自己有工伤保险。建筑工拥有工伤保险比例非常低，再加上没有劳动合同，一旦事故发生，工人的救治都难以保证。

与工伤保险直接相关的医疗保险也十分缺乏。在 5 000 名建筑工中，没有投医疗保险的占多数，比例高达 60%，而投了医疗保险的仅占 31%，还有 9% 的工人不知道自己是否有医疗保险。

（4）住房权的缺失

作为外来人口，建筑工们不享受城市居民的住房待遇。城市需要他们的劳动，但不希望他们长久生活在这里。从建筑工的配偶居住情况看，居住在一起的建筑工比例仅为 20%，配偶在老家的比例为 51%，在本市不住在一起的比例为 5%，在其他地方的比例为 3.2%，还有 20% 的建筑工没有回答这个问题。

他们在城市没有居住权，而且打工挣来的工资不足以支付他们全家在城市的居住和生活费用。但是，他们还是希望自己能像城里人一样生活，有59%的建筑工认为，自己应该像城市人一样生活。

虽然生活在城市，却很少与城市社区有交流，在劳动、生活和居住方面，他们得不到与城市市民同等的待遇和同等的权利，加上拆分式的生活方式，农民建筑工保留了对城市的二元忠诚，他们认同自己的农民身份而不是城市居民。那么，这个群体是怎样形成的？他们的内部关系如何？

（三）群体的形成过程

建筑工如何找工作？他们又是以何种方式进入劳动力市场、参与劳动过程的？群体的内部形成了什么关系？这种形成与哪些因素有关？以下从群体网络形成和劳动过程的相互依赖等方面说明群体形成过程。

1. 网络化的劳动力市场与群体内部的关系

很多研究表明，由于城乡分割的户籍制度，城市人与农民工面对的分别是首属劳动力市场和次属劳动力市场。这二者的最大区别是次属劳动力市场工作不稳定，价格低且交易场所不固定和无契约。因此，我们看到，改革开放30多年，无论哪个行业的农民工，基本上都是通过熟人网络进入劳动力市场。在我们的4 996个样本中，通过政府组织的劳务输出和企业公开招聘进入建筑业的比例仅为1.8%和2.7%。83.7%的人是通过亲戚、老乡和朋友进入建筑业的，另有9.4%的人是自己认识老板进入建筑业。网络化劳动力市场的好处在于，农民工可以凭借地缘、血缘和熟人关系减少寻找工作的成本，并且抵御来自陌生城市的各种风险，特别是在遇到困难时，相互之间能够提供帮助和慰藉。总而言之，这是群体形成的充分条件，成员们不仅彼此熟悉而且生活习惯和经历都非常相似。地缘、血缘和熟人关系构成了工友彼此信任的基础，也是群体形成不可缺少的依赖关系和认同形成的前提条件。

2. 完成任务过程中的相互依赖

建筑业改制以后，一线工人全部是农民建筑工。他们是以包工队的方式

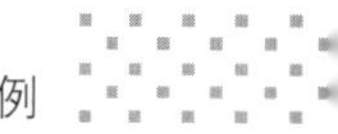

进入工地、承接工程和组织生产的。由亲缘、地缘和熟人关系组成的包工队可以视为群体形成的开始，而在承建任务的过程中，建筑工之间以及建筑工与包工头之间的合作和相互依赖是认同产生的又一必要条件。

建筑包工队是由包工头亲自组建而成。工人与包工头之间的关系十分密切，这不仅是因为他们的亲缘和地缘关系，最主要的是工人们找活和挣钱多少都要靠包工头找到项目。包工头一般在春节前找到项目、谈好价格，来年工人们才有活可干。任务多、价格高，工人们就能挣钱，否则就很难有收益。因此，工人们认为应该听老板的，大家只有同舟共济才能赚到钱。这在我们的调查中表现很明显：当我们问工人“谁是老板”时，67% 的农民工认为包工头是他们的老板。对于“工人应该听老板的”，77% 的农民工表示同意。对于“老板没有剥削我们”，65% 的人表示同意。对于“工人和老板的利益是一致的”，63% 的人表示同意。对于“老板给我工作，我应该感激他”的说法，59% 的人表示同意。

从这里我们看到，工人与老板之间、工人与工人之间一致的利益关系和相互之间的依赖。此外，每个包工队内部都有大小工之分，整个建筑工地又有不同工种之分，大工和小工要密切配合才能完成任务，整个工地各班组之间也需要协调一致。

由此，为了完成共同的任务，建筑工群体在劳动过程中必须相互配合并且相互依赖。加上基于地缘、血缘或熟人关系的信任，使得农民工对老板有很强的认同感，而且群体内部也保持一致并形成认同。

四、结论

通过对建筑工群体社会认同形成的实证考察，本章论证了宏观制度结构是如何具体地建构了建筑工群体与城市的距离感，他们对农民身份的认同和这个群体内部的形成过程。即制度身份的影响渗透到他们劳动过程和日常生活的各个方面，农民工是在亲身经历中形成社会认同（假设 1）。

我们认为农民工的社会认同的形成与他们在城市的经历和处境有必然的

联系，城乡分割的户籍制度所形成的对农民工的资源屏蔽和制度排斥，必然导致以下三种后果：第一，拆分式的再生产方式所形成的对农村的依赖和对城市的二元忠诚；第二，居住在城市却与城市人和社区隔离；第三，劳动收益权，工伤、医疗和劳动合同等权益的缺失。而且这些方面都与城市人群状况和处境完全不同，他们还是认同自己是农民，这丝毫不奇怪。即认同来自于劳动力的日常生产与再生产的体验，这些体验足以促成他们自己不同于城市人的身份认同和模糊的职业认同（假设 2）。

这种城乡差别还使得农民工不能进入首属劳动力市场。由于工作稳定性差、工资价格低，农民工只能依靠自己的初级社会关系网寻找工作，而与此相联系的行为特征在劳动过程中又得到了强化，劳工之间相互影响的生活方式和组织内部的依赖关系，又巩固了群体行为的特点，增加了群体内的一致性和认同感，即地缘和亲缘关系影响包工队的组织过程和劳动过程，同时也影响农民工的群体认同的形成（假设 3）。

第九章

农民工社会保障缺失的社会排斥风险——以北京进城女性保洁工为例[①]

一、研究背景、问题与分析思路

从前几章的定量研究中我们已经发现，农村户籍的流动人口的城市融合状况非常不容乐观，他们与非农村户籍的流动人口相比较，在人力资本和社会资本方面都处于劣势。根据第六章、第七章和第八章的分析，我们认为他们受到与户籍制度相关联的制度排斥。本章是从农民工保障制度缺失的角度，分析农民工所遭遇的社会排斥风险。

人口流动伴随社会转型，与之前的管理制度所承载的、被认为理所当然的权利发生了冲突，即可能危害到城市人的既得利益。因担心利益受损及城市资源的重新分配，城市市民对农民工可能发展成为一种担忧与歧视。30多年的改革开放并未涉及社会管理体制的根本转型，尽管一些针对农民工的社会政策有所改变。

随着中国后危机时期的到来，农业已不再是剩余劳动力的“蓄水池”（蔡昉，2010）。农民工流入并进一步融入城市已经是我们不得不面对的实际存在及社会发展趋势。如何改善这个弱势群体的处境？显然不能依靠市场。在政府构建和谐社会，强调以人为本、保民生促发展的理念下，农民工的权益受

① 本章使用的资料是由杜蔚、师苏娟、李珊、宋希立等同学收集。本章部分内容采用了杜蔚同学的观点，特此感谢。

损以及城市融入等问题是城市化和现代化发展中亟须解决的问题，而社会政策调整和改善是解决这类问题的核心与关键。

在应对农民工的种种权益问题上，我国政府已经积极推出许多旨在保护农民工切身权益的政策方针，特别是2006年国务院发布的《关于解决农民工问题的若干意见》（国发〔2006〕5号），全面系统地提出了解决农民工问题的指导思想和原则。同时为了进一步保护他们的利益，防止他们在遇到诸如失业、年老、生病等各种社会风险的时候手足无措，政府在相关法律法规、政策制定中体现了加强农民工社会保障的举措。但在实践中，农民工的参保率仍偏低。国务院发展研究中心课题组的另一项调查表明，农民工最希望政府做的事情有八个方面，它们依次为：提高最低工资水平（65.90%）、改善社会保险（37.70%）、提供保障住房或廉租房（29.70%）、改善医疗条件（25.40%）、改善工作和生活环境（24.20%）、加强权益保障（22.80%）、改善子女教育条件（18.50%）、提高职业技能（12.00%）等。[①]

在全国大量的外出农民工中，女性农民工占了近一半（参考第二章和第三章内容），而且女性农民工的数量一直不断增加。我们以保洁女工为研究对象，不仅因为她们在农民工中属于弱势，更是由于作为已婚中年女性农民工来说，她们每个人都是家庭中的半边天。在家庭中，她们承担着照顾老人、丈夫、子女和操持家务的责任，而且一般处于从属性地位。她们中的大部分为了家庭这一整体，默默地付出、牺牲自己，而很少有自我诉求。在劳动力市场上，她们处于相对弱势地位，既不如男性也不如年轻的农民工群体。此外，她们的受教育程度也较低。

对保洁女工的访谈与参与观察过程前前后后共经历了将近一年的时间，我们共访谈了34位来自全国各地的农民工。为了比较全面地了解她们的状

① 本部分内容引自侯云春、韩俊等编写的调查研究报告（国务院发展研究中心，2011年8月26日）。该调查涉及安徽、湖北、江苏、山东、山西、浙江、重庆等7个省市，共收回有效调查问卷6 232份。其中，男性占49.6%，女性占50.4%。

况，我们还请她们填写了调查问卷。在整个调研的过程中，笔者除了在其工作场所参与观察外，还走访了一些她们的居住区。笔者在与她们的日常交流、接触中也深有感触。她们外出务工一方面是因为家庭经济比较拮据，另一方面是为了跟丈夫、孩子一起生活并照顾他们。她们在城市的工作一般属于非正规就业，报酬较低，比如学校和机关事业单位的保洁员。

大多数有关农民工的研究都是从整个农民工群体出发的，有很多甚至是直接从男性农民工群体出发，而专门针对女性农民工的研究很少，特别是这类女性农民工。笔者研究围绕以下两个问题展开：一是女性农民工在城市生活中的弱势是如何形成的；二是面对这种弱势地位的存在，作为社会生活安全网的社会保障起到什么作用。

（一）保障视角下有关农民工的研究

每一项社会政策措施的出台与实施都或多或少地会对整个社会结构的某些方面带来不同程度的影响。许多学者从不同的侧重面对农民工的社会保障问题做了大量的研究。从研究角度来看，分为制度研究取向、现代化研究取向、立法研究取向和公共管理研究取向。从农民工社会保障各个相关主体来看，分为从政府责任角度出发的研究、从市场主导作用方面进行的研究、从农民工主体角度出发的研究。从农民工社会保障的发展机制上看，可以分为对农民工社会保障制度模式选择的研究、对农民工社会保障现状及原因分析的研究、对农民工社会保障缺失的后果研究。虽然研究各有侧重，但是笔者认为主要分为三种情况：

第一种是对选择模式的探讨。农民工是应进入城市保障体系还是依旧在农村保障体系中（杨立雄，2003；胭俊忠，2004；徐彤，2011；孙树菡，2002；张启春，2003；林毓铭，2003），或者实行分层分类保障（郑功成，2002；邓大松等，2008；许振明，2008），抑或为农民工建构一种过渡形态的低门槛、开放式的独立社会保障体系（李迎生，2001；高书生，2003）。

第二种是通过对农民工社会保障现状的描述来分析保障不足的原因（李东卫，2010；唐踔，2010；刘杨，2010）。郑功成等指出，农民工在追求社会保险和社会救助平等权利的时候，会遇到两个主要的不利因素：一个因素是他们没有一个清楚的法律身份，农民工被归为“临时”居民，尽管政府运用多种方法阻止他们与城市居民的差别对待，但是他们还是得不到与拥有城市户口的人同等的法律、社会和公民权利；另一个因素是地方政府在执行中央政策的过程中，往往会出现“上有政策，下有对策”的不合作情况（黄黎若莲、郑功成、蒋晓阳，2005）。于景辉等认为，二元城乡制度的阻隔、社会保障“地方分权”的分割体制、社会保险关系在转移接续上的困难（于景辉，2009；梁丹丹，2011）。薛天山等认为，社会排斥是农民工社会保障权利缺失结果（薛天山，2004；刘畅，2003；曾长秋等，2009）。李强认为，社会排斥是一个再生产的过程（李强，2001）。

第三种是对农民工社会保障缺失后果的研究。有学者通过个案访谈的方法，对缺失保障的农民工进行了分类研究，其中有因疾病对生活失望的打工者，对生活感到困倦的女性，也有靠自己仅有的手艺艰难度日的老者。他们的共同点是没有基本社会保障，以至于在遭遇工伤、失业等风险时，只有依靠家人、依靠自己，甚至用求助上帝的方式来缓解在生活中感受到的困苦与艰难（嵇平平，2010）。

（二）分析思路

已有研究多是从制度的宏观层面去探寻农民工这一大群体的保障缺失问题的，很少有把宏观政策与经验材料结合的研究，而专门将女性农民工的政策与实践结合的研究就更少。本章正是从女性保洁员这一群体出发，以社会政策的视角，采用在实践经验中发现政策与现实之间的差离的研究思路。本章研究的内容可以分为四个关键点：一是以北京市进城女性保洁工这一群体的生活为切入点，了解她们的社会保障参与情况；二是从社会政策角度分析社会保障的落实情况及其对这一群体生活的影响；三是社会保障缺失给制度

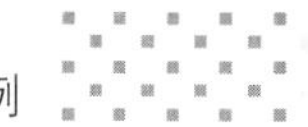

目标群体带来什么不良社会后果；四是由此引起的社会排斥如何令农民工面临更多的社会风险。

我们认为，社会排斥是社会政策失灵的一种表现形式，也是社会政策实施中的隐患。本章通过对该群体遭遇的社会排斥与相关社会政策的分析，进一步展现社会政策失灵下农民工的具体生活状态。对农民工社会保障缺失的社会政策分析以及社会保障政策失灵的社会排斥风险研究，可以使得我们更清楚地看到在农民工市民化道路上制度建设的缺失。

（三）理论依据

休维尔（Silver）提出了社会排斥理论的三种不同范式，即专业化范式（specialization paradigm）、垄断范式（monopoly paradigm）和团结范式（solidarity paradigm）（彭华民，2005；黄佳豪，2008）。专业化范式根植于英美的自由主义思想，认为个人间存在差异，这种差异性导致了市场与社会的专业化。社会结构的专业化分工包含着相互间的分割与竞争，但并不意味着不平等，因为相互分化的各领域间如果能相互联系、依赖，便能促进社会整合，达到平等。故此种范式下社会排斥的产生是因为社会生活各领域划分的不充分、社会规则的不合适或者是不同领域间自由交换受到阻碍。垄断范式来源于马克思与韦伯的欧洲左派思想。这种思想认为社会秩序是强制性的，由地位、阶级与政治权力划定界限的实体对稀缺资源享有垄断权力，这个社会实体是封闭的，他们内部人分享着共同的文化和身份，并形成共同的利益纽带，从而使该群体的外部人受到排斥。该范式反映的是社会民主的政治理念，社会整合将依赖公民权的实现。团结范式来源于法国的共和传统。按这种传统，个人利益与权利受到很大尊重，但这种尊重在本质上却是面向集体性的，其强调个人与大社会集体的黏合及普遍性的福祉。因此，应把民族共识、集体意识等共同意志联系起来，把个人与更大的社会联系起来。在该观点看来，社会排斥预示着要把个人或者群体和更大的社会联结松开，所以是一种不利于社会生活的现象。

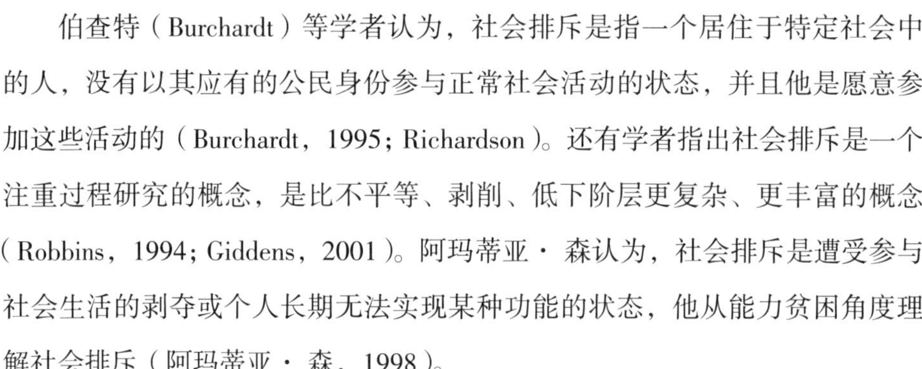

伯查特（Burchardt）等学者认为，社会排斥是指一个居住于特定社会中的人，没有以其应有的公民身份参与正常社会活动的状态，并且他是愿意参加这些活动的（Burchardt，1995；Richardson）。还有学者指出社会排斥是一个注重过程研究的概念，是比不平等、剥削、低下阶层更复杂、更丰富的概念（Robbins，1994；Giddens，2001）。阿玛蒂亚·森认为，社会排斥是遭受参与社会生活的剥夺或个人长期无法实现某种功能的状态，他从能力贫困角度理解社会排斥（阿玛蒂亚·森，1998）。

1. 社会排斥的特征

社会排斥具有层次性、综合性、连锁性或者累积性、过程性以及传承性。层次性是指社会排斥的对象有个人、群体、组织、行业等分类；综合性是指社会排斥导致的问题不只是单独的一个问题，更不是一个问题的单个方面；连锁性是指一个层面的排斥会导致另一层面甚至更多层面的排斥；过程性是指社会排斥不是一个静态的结果，而是一个动态的过程；传承性是指社会排斥有很强的代际传承性，影响着人们的向上流动情况（景晓芬，2004）。

2. 社会排斥的分类

从成因方面看，社会排斥可以分为结构性社会排斥与功能性社会排斥；从社会生活的领域来分，社会排斥可以分为经济性排斥、政治性排斥与文化性排斥；从价值判断与客观事实上来看，可以分为主观排斥与客观排斥。另外，还有显性与隐性社会排斥、主动与被动的社会排斥之分。

3. 社会排斥的成因与后果分析

对于社会排斥的成因问题，大致可分成主观与客观因素两大类。主观因素是指个人自身的行为不端、态度不良或能力不足等，客观因素包括社会结构的不合理、社会政策的不合适、劳动过程导致的分化、社会流动中的冲突等。由于社会排斥的连锁性等特性，其所造成的社会后果必然涉及生活的方方面面。这些后果的主要表现有：经济上的贫困、有碍于社会整合、被排斥者感受到巨大的心理焦虑与压力、违背社会公正原则等。

二、农民工社会保障政策文本与实践之间的距离

据国务院发展研究中心关于农民工的调查报告，以及近年来各方面研究人员的相关研究，在对社会保障的诉求中，农民工最迫切的需求是工伤保险与医疗保险。北京市关于农民工的社会保障政策有基本养老、基本医疗及工伤三个方面的政策文件。所以要了解在北京务工的女性保洁工的社会保障状况，必须将政策文本与她们的实际结合起来进行研究。笔者将根据前文提到的政策分析四维度的理论对文本与实践之间的关系进行探讨。

（一）政策分配基础分析

社会分配的基础指的是将社会福利分配给社会中特定的人口或群体时不同原则之间的选择。分配基础解决的是“谁将从福利政策中受益”的问题，在很多社会福利政策中，决定“谁将会受益”的标准是建立在各种不同的标准之上的，这种资格标准的确定最早来源于对普遍性与选择性的区分（黄晨熹、周烨、刘红，2003）。

北京市针对外来农民工的社会保障政策有：于 2001 年 8 月 27 日颁布的《北京市农民工养老保险暂行办法》，2004 年 7 月 28 日颁布的《北京市外地农民工参加基本医疗保险暂行办法》，2011 年出台的《北京市外地农民工参加工伤保险暂行办法》。根据这三个文本中的相关条款，其对政策适用者的规定都包含三个基本方面：一是要求必须在国家规定的法定劳动年龄内；二是必须与本市行政区域内的用人单位（包括国有企业、城镇集体企业、外商及港澳台商投资企业、城镇私营企业和其他城镇企业，党政机关、事业单位、社会团体，民办非企业单位、城镇个体工商户）形成劳动关系；三是必须拥有外省市农村户口。只有同时符合这三个方面条件的农民工才能参加其规定的养老保险、医疗保险及工伤保险。乍看这三个条件都很容易满足，但是实际的情况却没有那么理想。

我从家乡出来有好多年了，也干过很多份工作了，但是都没怎么签过合同，就是去年（2011 年）单位让我们签了一张东西，说是合同什么的，我们

也不懂，就随便签了签，他们就拿走了。不签也好，省得麻烦，想走就走喽。（保洁女工访谈①）

我们的活不算重，就是打扫打扫、洗洗擦擦的，所以一般也没什么危险，最多就是冬天的时候水太冷，手被冻着了，不过在老家干农活比这辛苦多了。公司可能觉得没有必要给我们买什么工伤保险的，我觉得也用不着。（保洁女工访谈②）

仅因没有劳动合同，便给了企业不给农民工上各种保险的借口。即便有医疗保险，也只是象征性的，她们自己并不清楚也就很少真正享受过。而一旦有农民工因为遭遇疾病等各种风险，企业又逃不了保险责任的时候，雇主一方会给点钱了事，之后便是辞退农民工。

好像公司说过给我们上了医疗保险，不过我们也不太清楚啊，我也从来没有用过，有个什么病的对付几天就过去了，没有那么娇贵。听说去年有个保洁工在干完活回到家后突然就生病了，具体也不知道是什么病，当天晚上她老公就把她送医院了。过了几天，她老公就来公司要求报销医疗保险费，公司实在无奈就给他们报销了。后来她出院回公司只上了几天班就被辞退了。（保洁女工访谈③）

调查中发现，由于没有签订劳动合同，很多企业不为她们上各项保险。有部分企业为其上一两项保险，也只是为了安抚她们越来越强的维护自身利益的意识，因为她们在城市里待久了，也逐渐对各种保险、政策有所了解，同时观念也会有所改变。

许多刚刚来这里工作的人，工作的时候遇到比较麻烦的事情也不说什么，自己忍忍就过去了呗，像我们来这里久的就会觉得，凭什么我们跟你们一样都是在做工作，你们（公司高层或者其他正规城市就业者）就要高高在上，我们就要低低在下。（保洁女工访谈④）

为农民工制定的养老、医疗、工伤三项政策具有重要意义。但是从实践情况来看，却是显示出政策的某种选择性。因实际状况与政策规定存在差异，再加上女性保洁工的弱势，导致她们在享受社会保险政策上，有其名而未有其实。从政策文本执行的过程来看，在政策分配基础的起点上，这些来自外地农村的保洁女工便已经被排斥了。此外，医疗服务的实现一般都是受保者自己先付费，之后再找用人单位索要。由于农民工在城市中的特殊身份，其很难直接获得医疗服务。

（二）政策的输送策略分析

政策输送策略是指在地方社区系统（即邻里、城市和农村）这个集合了绝大多数的提供者和消费者的层面中，社会福利的提供者和消费者之间可供选择的组织安排。从北京市关于农民工保障政策的相关规定中，可以总结出其政策的输送策略是如何安排的。

第一，养老保险金是在达到国家法定年龄（男满60周岁、女满50周岁）后领取。并且，个人账户部分及利息一次性全额支付给本人，这是第一部分，第二部分则按其累计缴费年限与缴费年度本市职工的最低工资平均数来计算。由文本中“本办法中的相关具体问题，由市劳动和社会保障行政主管部门负责解释”这一条款可知，该输送系统是由政府公共部门来负责实施的。

第二，医疗保险由于涉及主体较多的特性，其执行时的流程比较复杂。根据《北京市外地农民工参加基本医疗保险暂行办法》中的相关条款，可得出医疗保险赔付实现流程图（见图9—1）。笔者认为，第一个环节是基础，只有受保农民工与用人单位形成了劳动关系，才会有后三个环节；第二个环节是在确立劳动关系之后，用人单位根据政策的规定，为受保农民工向社保经办机构缴纳医疗保险费；第三个环节是在受保农民工有政策中规定的医疗需求时，定点医院给其提供服务；第四个环节是在服务完成后，社保经办机构与定点医院进行医疗结算，并向医院付费。从笔者的调查实况来看，这种服务的提供并没有如政策文本中所规定的那样能顺利实现，用人单位即便签订劳动合同也还可能不为农民工办理医疗保险或不明确哪些是符合政策的医疗需求，对于农民工而言，就医过程相对复杂。

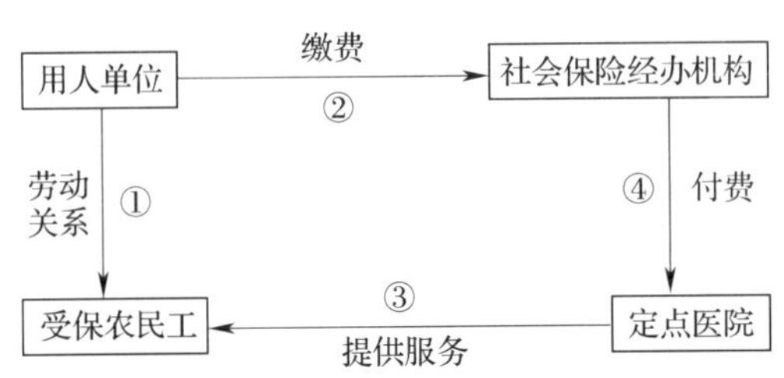

图 9—1　医疗保险赔付实现流程图

第三，与养老保险金类似，农民工在北京市的工伤保险待遇是通过伤残认定后的一次性现金赔偿给予的。

无论是在政策的制定起点上还是在执行过程中，都体现出对外来农民工的排斥。这也导致了他们不能分享政策利益的后果，具体体现便是他们的社会保障权益的缺失。此外，农民工不享受低保和住房方面的保障，这些都将影响他们在城市中的生活。

三、社会保障缺失下的女性农民工的城市生活

（一）被排斥的劳动者与公共服务的缺失

就业权利是公民最重要、最基本的权利之一，也是保障公民能够获得生存权、延续发展权的最主要因素之一。完整的良好的就业制度应该具有配置、规范、保障与激励的功能（黄玉捷，2004）。

从相关文献可知，西方各国在早期工业化的过程中，许多被迫离开土地的农业劳动者通常都是先进入城市的非正规劳动部门[①]，自己在积累了足够的资源与职业地位后，便进入正规的劳动部门。这样，许多非正规就业往往成为入城农民进入正规就业前的预备阶段，这体现的是市场对劳动力流动的引导作用，而不是制度发挥主导作用（王海霞，2005）。

我国的劳动力市场是由制度分隔成农村流动人口和城市居民的二元劳动力市场。二元市场的区隔虽然与个人能力有关，但是却主要源于我国独特的

① 国际劳工组织将“非正规部门”定义为：发展中国家城市地区那些低收入、低报酬、无组织、无结构的很小规模的生产或服务单位，是一种组织。

劳动就业制度，即根据每个人先赋的户籍性质来确定他或她在市场中的地位，而这种先赋性特征的改变是很艰难的。城镇劳动者能够通过正规的主流的就业渠道找工作，这对他们来说是再正常不过的了。但是对于农民工来说，这却成为一种奢望，他们一般很少能够进入正规的劳动力市场，只能就业于次级劳动市场，游离于城市的劳动力市场之外，在体制的夹缝中求职业、谋生存。

我这工作是听住的地方的邻居说这边招保洁，我就来了。我老公是蹬三轮车卖花的，三轮上安个电瓶，一般到冬天都不出去卖了，冬天花很快就被冻死了，挣不了钱的。他卖花的时候还得随时看着点，有城管就得躲躲。（被问到为什么不找个固定的地方卖时，她是这样说的）那得交摊位费，要是找个好地方，摊位费都交不起，要是不好的地方，还不如跑（流动着卖花）呢，再除了摊位费，更卖不着钱了，摊位不好，人又少，更卖不了多少了。（保洁女工访谈⑤）

我们这儿干活的老乡很多，都是老乡介绍来的，我们那边老乡过来这边都是搞装修的，木工啊，瓦工啊，油漆工啊都有。大家互相都认识，谁知道有活就会互相帮忙打电话叫（去干活），那是干一天才有一天的钱，有的时候没活，闲着待几天都有。有的跟着装修公司还好。一般都是在外边包一桩活，干一段时间，今天（指现在）他们是一天 180 块钱，有时候加班是一小时 30 块，两个小时就 60 块那样。所以，他们老说我们都是挣小钱的。（保洁女工访谈⑥）

农民工出来务工都是通过老乡介绍等非正规渠道找到工作的，其工作性质不仅比较脏、比较累，而且还有的是季节性与阶段性的。在他们看来，脏点、累点没关系，时常面临没活干的情况，才是最令他们担忧的。

同时，在对她们的访谈过程中发现，她们大部分人月平均工资在 1 500 元左右，全年平均工资最多也就 18 000 元。而据笔者从国家统计局网站了解到的情况，北京市职工年度平均工资：2010 年的统计结果为 57 779 元 / 年，

2011 年的统计结果为 65 158 元 / 年，2012 年的统计结果为 75 482 元 / 年。[①]比较来看，她们的年均工资仅为北京市职工 2012 年调查所得社平工资的 23% 左右，很明显她们处于工资分配的底层。对于一个社会团体中的收入最底层者（或者相对贫困者），政府部门应该在公共服务上提供一些援助。在我国的确存在这样的援助政策，其中在城市中实行城镇居民最低生活保障政策。从北京市的民政信息网站得到的相关低保资料：京民社救发〔2012〕525 号文件中规定，北京市城市居民的最低生活保障标准由原来的每月人均 520 元调整为 580 元，并从 2013 年 1 月开始实行。其认定标准仍然为家庭月人均 740 元。[②]但是，有一个必备的条件：要拥有本市户籍。所以，即使有的农民工家庭月人均收入低于北京市低保的标准线，也享受不到该政策带来的利益。这一系列数据所体现出来的便是城市基本公共服务在该领域的缺失状态。

（二）依靠家庭的弱保障

在社会保障缺乏的情况下，农民工往往会选择家庭成员互助的方式来应对各种社会风险。从生命周期理论与实际生活经验来说，处于中年阶段的女性保洁工及其配偶则必然肩负起抚养与赡养家庭成员的责任，无论这有多么艰难，她们都还是在努力地尽这份义务，而且从她们大多数的言谈中能感受到，她们是毫无怨言、心甘情愿地承担起这份责任的。

家里有儿子、女儿，他们都在上学住校，每个人的生活费大概一人一千吧，一顿饭要五块钱，一个月就得五百左右，再买点衣服，一千块差不多够。别人给的衣服他们都不要，怕别人笑话。所以，我们挣了钱都是寄回去给他们花了。

我们每个月都去给家里寄钱，家里的老人年纪也不小了，还得帮我们照顾小孩，挺不容易的，还好两个老人身体还算比较好，一般就是小感小冒，没什么大病，如果生病住院了我们不也得给钱嘛。（保洁女工访谈⑦）

---

① 数据来自国家统计局网站。

② 数据来自北京市民政局网站。

我们一家三口都在北京打工，现在是住在一起，我想着挣钱都是为了给儿子买房子、娶媳妇，所以不能就这么天天挣了就花掉，后来我就想了个办法，每个月一个人给我交点，我统一管起来，存到那里。有的时候儿子上交了钱，自己想买衣服没钱了，就找我要点，这不前几天刚问我要钱买了一双450元的鞋，我跟他说，买那么贵的鞋干什么，这要我十几天才能挣回来的呀，不过他要钱还是要给他的，毕竟他也不小了，到找对象的年纪了，也要穿点像样的吧。（保洁女工访谈⑧）

农民工既然被排斥于社会保障之外，那么在面临社会风险的时候，只能依靠自己的家庭成员共同承担来化解风险，但偏低的收入和保障的缺失往往使她们在遭遇疾病等意外伤害时难以承受。

（三）被排斥的消费者

生产、分配、交换、消费这四个环节构成现代社会生产的最基本过程。在经济快速发展的今天，人们的消费水平不断提高，消费种类变得多样化。但是农民工和她们家庭的消费，几乎还停留在衣食住行等基本消费层次上。

我们公司发的有工服，一个人两套替换着穿，平时不怎么买衣服，就是过年的时候买几件穿。在买衣服上，我跟我们家那位都不怎么买，平常就是孩子买的稍微多点。（保洁女工访谈⑨）

我下了班就到附近的菜市场去买点菜，那里的菜很便宜，超市的太贵了。（保洁女工访谈⑩）

我一个人来的（来打工的），就住在单位的宿舍里，宿舍在地下一层，一个屋能住六个人。（保洁女工访谈⑪）

我们现在住的地方是租的那种大杂院的小破房，一个月四百多块，楼房哪里住得起，不吃饭一个月也得（花）好几千。我们屋里没有厕所，用的是院子里的公共厕所，一个院里住的都是像我们这样出来打工的，屋里没有暖气，冬天要自己烧炉子。电费需要另外交，一块二一度电，水费不用交，我们用的就是地下水。（保洁女工访谈⑫）

从住的地方到工作的地方走路就能过来，也就二十来分钟吧，我们早上五点多就得到岗，到冬天早上路上人很少，不过还好有时候有在路上遛狗的人。（保洁女工访谈⑬）

在问到关于业余时间的安排时，她们说：

有一次元旦放假了，我们几个老乡就跟着去天安门转了转，后来看见那里有个公园啥的，本来想进去来着，但是一听门票就得30块，我们就没进去，后来去了个5块钱的地方看了看就回来了。（保洁女工访谈⑭）

休息的时候就在家睡睡觉，看看电视啥的。有时候星期天临时有活了，也会出来干点。夏天的时候，晚上下班了，我们就一大群人坐在院子里说说话，大家说说笑笑可热闹了……有时候觉得没意思就会给别的老乡打电话，问她有没有休息，这样凑够几个人后，会去其中一家打打麻将，玩得也不大，用不了多少钱，就是图个开心嘛，完了就会在她家里吃饭，家里没什么事的话就继续玩玩。现在在外边干活跟在家里种地的时候不一样了，在家的时候冬天没活了可以随便玩几个月，在这里就不能了，都得定时上班来，不过也没什么，为了多挣点钱嘛。（保洁女工访谈⑮）

低收入水平限制了农民工的消费，她们的业余娱乐活动也比较单一。她们必须省下钱来应对家庭可能遭遇的各种风险。在城市中，她们是被排斥的消费群体。

（四）群体性社会孤立风险

农民工群体内部交往比较密切，但是在城市中却是一种孤立的状态。由于各种原因，他们很少与该群体外的其他人来往。

我们一般在工作地就是自己干自己的活，公司有规定不让串岗聊天……给我们休息的地方就是那个放工具的小隔间，里边没有暖气什么的，所以夏天热得要死、冬天冷得要命，以前的时候夏天还不让开门透气，现在还让开一点门了……一般不干活的时候就让我们到这个小屋休息，也不让我们跟其他正式的工作人员待在一块。我知道在正式员工中也有我们的老乡，但是他

们也不怎么跟我们说话，我知道是觉得我们干这个工作挺丢人的。（保洁女工访谈⑯）

从访谈中得知，在工作场所，尽管她们每日都与学生、老师或者机关工作人员相遇，共处同一物理空间，一群人在另一群人所创造的干净整洁的空间中学习、工作，但她们与外界的交流几乎是零，她们没有机会交流，也不允许交流。

在工作之外的场所，她们也几乎不跟其他社会阶层的人来往。她们聚居在农民工居住的大杂院内，大家出来就是打工挣钱，很多人没有正常的双休日。在居住地能碰面的机会本就不多，再加上她们并没有欲望认识更多的人，因此她们的交往圈非常小。她们正面临着集体性被排斥于城市社会之外的风险。

（五）她们为子女打工，自己的未来并不确定

以子女为中心，一切从孩子发展出发来安排自己的生活，这是许多家长的共同点。而保洁女工所表现出来的特征是，她们总是以家庭和子女为重心，为孩子能有好的发展，默默牺牲自己而从不考虑自己以后的生活安排。在她们身上我们看到很多传统女性的特质。

我们不可能一直待在这里（指北京），出来打工就是为了孩子，给孩子买房子啊，结婚啊，到了四五十岁，都好过一点了，就回老家……我是2002年冬天来的（指的是第一次来北京打工的时间），2003年9月份回家了，因为孩子那时候还在家读书。（保洁女工访谈⑰）

我两个儿子，16岁初中毕业就到北京来打工了，那会儿还挺难过的，我没上过学，想让他们多读点书，他们到初中就不想上了……现在都挺好了，兄弟俩一人开了一个门市，老小先在北京买了房，有个小女儿。老大后来也买了房子，也成家了……我儿子他们去年没回家过春节，我就跟我老头上北京来了。说了怕你们笑话，我晕车，到这边缓了两个礼拜才好。本来准备过完春节回老家的，我儿子不让回去，刚好那边小区有个看大门的工作，反正

闲着也是闲着，我就在那边看大门了，我老头也找了个看库房的工作。（保洁女工访谈⑱）

家里的地总共也就一亩左右吧，正是因为地少没什么收入才出来打工挣钱，供孩子上学的……至于孩子吧，本来想着就要一个得了，可是后来想着要不再生一个，或许能生个儿子呢，不过老二又是个女孩，而且身体也很不好，还经常要去医院，花挺多钱的……明年就不一定能出来了，因为家里没人给看小孩了。我们经理为了让我留下，就给我找了个住的屋子，说能让我每个月少花几百块的房租钱。经理对我们都还是蛮好的，不过要是家里实在顾不过来，待遇再好也不会出来了。还是首先要顾好孩子的。（保洁女工访谈⑲）

我一开始来这儿（指北京）没打工，我家小孩那时候不是小嘛，我得照顾他，后来送他回家去上学了我才出来的（打工）。打工挣的钱主要都是给两个孩子花，大的住校，学校的费用多一些，小的上学花钱还不太多，现在小的身体不太好，前阵子还住院来着，我想回家看看也不敢回去，每次回去他就老哭着不让走，心里挺难受的，只能常寄点钱回去。他小的时候身体也还好，送回家上学后就总是感冒。有时候也想回家陪着他过，但是得给他们弄钱啊，老家哪有这么多活可找？（保洁女工访谈⑳）

当我们问到她们将来的生活打算时，有一部分女工说要回老家农村去，有一部分说回到老家但不回农村，她们希望以后能在小城市买个房子养老。从谈话中可以知道，她们很清楚留在北京这样的大城市是非常不现实的，但同时她们又都表现出想在大城市生活的强烈意愿。

我们也想在这里生活啊，但是实在是没那个能力啊，我们以后还是要回到老家的。我觉得政府的政策都挺好的，如果不是政府允许我们来城里打工的话，我们也没的钱挣啊。（保洁女工访谈㉑）

还是北京好啊，今年我们家那个小的过来了，两年都没有来了，就今年放假来的，我们带他去动物园看了看，他可高兴了……想让他们来北京上学，

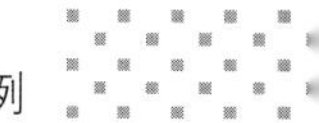

但是一个是费用太贵了，交不起，还有就是来北京上学，到时候还得再回家高考，听人说在这儿上学到时候再回老家，因为课程不一样，适应不了。家里那边高考分数线还高，北京这个地方人家占优势，分数还低，人家考的题目比咱们的还容易对吧，相差太多了呀。（保洁女工访谈㉒）

我们想着挣点钱回老家吧，回老家的县城买个房子，现在都不回村里了，回去也不太习惯了。（保洁女工访谈㉓）

她们虽然被排斥在真正的城市生活之外，但是城市的工作生活还是令她们向往的。她们并非羡慕这里的生活，而是在家乡的农业生产不足以维持孩子学习和生活的消费，她们在这里能挣到养家的费用。面对城市生活的许多无奈，她们采取忍受的方式，尽量减少自己的消费，像蜡烛一样默默燃烧自己。

四、农民工社会保障缺失的成因与风险

农民工因为社会保障权益的缺失，使得他们在城市生活中遭受多方面的排斥。生活在城市中，他们受到来自各种社会力量的挤压。当国家和市场力量与农民工群体特质相结合后，他们面临怎样的风险？这种利益缺失与被排斥的状况是如何形成的呢？

（一）政府在农民工社会保障中的职能分析

维护与实现社会公正是政府管理的基本使命，更是构筑和谐社会的基石。保障公民基本的自由和权利，给每个公民提供平等的发展权利，对社会弱势群体给予必要的救助等，是政府应当承担的责任。

1. 社会保障的公共产品性质要求政府承担责任和义务

社会保障通常被认为是社会经济发展的“自动稳定器”“安全阀”，且被定义为“以国家、政府为主体，通过法定方式为公民提供防范与应对各种风险与促进社会福利的制度”。加上生产社会保障这种“产品”的无利润性，以营利为目的的市场不会主动提供该“产品”。可见，这种“产品”必然地是需要国家与政府为主要提供者的“公共产品”。所以，政府对其承担主要的责任

和义务是必然的。

2．政府应为农民工提供平等的社会保障权益

政府的责任，既体现在建立完备的社会保障制度上，更体现在保证制度对各个社会阶层的公平、平等性方面，作为城市中弱势群体的农民工，更应该由国家通过各种措施来保证他们在享受各项权益尤其是社会保障权益上的公平性。而农民工实际社会保障权益的严重缺失，说明政府在其权益维护的过程中存在某些不恰当的举措。

（二）城乡分割的制度性缺陷

自计划经济以来，我国政府为了缓解城镇住房、医疗、就业及城市管理上的压力，便选择执行城乡差别的管理政策，具体的制度实行有城乡分隔的户籍制度、劳动用工制度与粮食分配制度。由此建立在户籍制度基础上的城乡二元社会体制便形成了，城市与乡村被分割为两个部分。据此，在分配各种福利资源时，城乡差距巨大。具体表现在政府对社会保障的财政支持上分成城镇社会保障财政支持与农村社会保障财政支持两个大类。党的十一届三中全会以来，城乡差异制度开始松动，农民开始大量流入城市，成为工业化过程中的劳动力。但是，分割的户籍制度与就业制度并没有随着农村劳动力向城市流动而发生根本性的改变，于是出现了农民工社会保障权益的缺失及被排斥的局面。社会保障制度本身也存在很多不适性。其中比较突出的问题有：养老保险的最低缴费年限对农民工来说过长，社会保险关系难以转移接续，原有缴费年限与统筹基金不能延续，等等。

（三）行政理念上的路径依赖与管理体制局限性

各国在推行政策法规时，背后都有特定的行政理念作支撑，其理念还随着历史发展而不断变化。从西方各国政府在制定与实施社会保障制度过程中可看出其理念的改变。以第二次世界大战后英国社会保障制度的变迁为例，其先是根据“贝弗里奇报告”形成了福利国家的制度，到 20 世纪 60 年代，福利国家制度遭受新左派的攻击。20 世纪 90 年代以来，随着“第三条道路”

思潮的兴起，以布莱尔为代表的“第三条道路”坚持者，提出了一系列福利改革的新政策。这种变革是渐进性的，有一定的路径依赖性。

由于国情的特殊性，我国行政理念改革的路径依赖性更强。具体表现在：第一，政府在推进工业化的长期过程中，已经形成了以剥夺、牺牲农民利益为工业发展服务的惯性，也就是说，各级城市政府在做决策时，会不自觉地优先考虑城市居民的利益，忽视农民工的利益诉求。各级地方城市政府只看到农民工进城给城市增加的负担，而没有意识到他们为城市经济发展做出的贡献，因此，很多时候他们不能切实做到维护农民工的社会保障权益。第二，政府缺乏服务性观念是导致农民工社会保障实际缺失的另一个主要思想障碍。尤其是地方政府在与农民工相关的公共管理和服务问题上的严重缺位。许多城市只着眼于地区利益，忽视了农民工的权益，对他们更多考虑的是如何管理、限制，而不是如何为其提供更好的服务。

此外，由于诸多政策执行难度大、成本高、监督困难，各级政府在执行过程中很难做到对农民工应保尽保，由此，农民工的权益保障仍旧存在很多问题。

（四）农民工在市场中的不利处境

马克思关于资本的论述告诉我们，资本积累的实质是资本家用无偿占有物化劳动后再榨取工人更多的活劳动。由于资本无止境地追求剩余价值的本性，随着技术的进步，工人这种劳动力资本将会面临不断被挤出劳动市场的境况。在目前不完善的市场经济条件下，招收农民工的企业大多数都是劳动密集型企业，它们处在产业链的低端，在市场经济竞争中处于不利地位，为降低生产成本，农民工成为廉价劳动力。

此外，大多数企业缺乏社会责任，仍没有认识到为农民工提供社会保险不仅是其应尽的责任与义务，而且还能改善社会环境、推动企业的持续发展，在为农民工提供社会保障等方面，他们大多采取规避的方式。

综合上述分析可以看出，农民工社会保障的缺失是其遭遇社会排斥的最主要原因。其中，农民工社会保障政策理念的滞后、政府执行的缺位和管理的局限性等因素导致的直接后果是该群体生活不稳定，难以抵御各种风险，从而长期处于城市社会的边缘。随着我国社会保障制度的不断完善，农民工的社会保障权益得到越来越多的关注，在这方面，政府的行政理念、对保障政策的管理与监督是否到位等，都关系到农民工群体生存境遇的改善和整个社会的平稳发展。

参 考 文 献

一、英文文献

［1］Burchardt，T.，Le Grand，J. & Piachaud，D. Social exclusion in Britain 1991-1995，Social Policy & Administratiion，33.

［2］Giddens，A. Sociology，Cambridge：Polity Press & Blackwell Publishing Company，2001.

［3］Richardson，L. & Le Grand，J. Outsider and insider expertise：the response of residents of deprived neighbourhoods to an academic definition of social exclusion，Social Policy and Administration，36.

［4］Robbins，D. Social Europe towards a Europe of solidarity：combating social exclusion. European Community，1994.

二、中文文献

1．图书

［1］任远．城市流动人口的居留模式与社会融合［M］．上海：三联出版社，2012：27-60.

［2］季文．社会资本视角的农民工城市融合研究［M］．北京：经济科学出版社，2009：4.

［3］［美］费尔德曼．农民工的社会融合研究［M］．悦中山，李树茁，译．北京：社会科学文献出版社，2012：1-23.

［4］丁开杰．社会排斥与体面劳动问题研究［M］．北京：中国社会出版社，2012：25.

［5］高宣扬．布迪厄的社会理论［M］．上海：同济大学出版社，2004：136-145.

［6］亓昕．流动人口的现状与变迁研究［M］// 国务院人口普查办公室编．发展中的中国人口．北京：中国统计出版社，2014：965-987.

［7］孙立平，应星，吕新萍．社会学导论［M］．北京：首都经济贸易大学出版社，2011：80-120.

［8］陆学艺．当代中国社会流动［M］．北京：社会科学文献出版社，2004.

［9］史柏年．城市边缘人：进城农民工家庭及其子女教育问题研究［M］．北京：社会科学文献出版社，2005.

［10］林宇．家庭文化资本与农民工子女成就动机内驱力［M］．厦门：厦门大学出版社，2011.

［11］黄玉捷．内生性制度的演进逻辑——理论框架及农民工就业制度研究［M］．上海：上海社会科学院出版社，2004.

［12］贾春增．外国社会学史［M］．北京：中国人民大学出版社，2008.

［13］李春玲，吕鹏．社会分层理论［M］．北京：中国社会科学出版社，2008：196.

［14］李强．农民工与中国社会分层［M］．北京：社会科学文献出版社，2004.

［15］［美］苏黛瑞．在中国城市中争取公民权［M］．王春光，单丽卿，译．杭州：浙江人民出版社，2009：5.

［16］李汉林．关系强度与虚拟社区——农民工研究的一种视角［M］// 李培林主编．农民工：中国进城农民工的经济社会分析．北京：社会科学文献出版社，2002.

［17］渠敬东．生活世界中的关系强度——农村外来人口的生活轨迹［M］// 柯兰君，等．都市里的村民：中国大城市的流动人口．北京：中央编

译出版社，2001.

［18］李迎生. 社会保障与社会结构转型——二元社会保障体系研究［M］. 北京：中国人民大学出版社，2001.

［19］迈克尔 · A.豪格. 社会认同过程［M］. 高明华，译. 北京：中国人民大学出版社，2011：18-64.

［20］Rupert Brown. 群体过程［M］. 胡鑫，庆小飞，译. 北京：中国轻工业出版社，2007：15-38.

［21］沈原. 市场、阶级与社会［M］. 北京：社会科学文献出版社，2006：194-200.

［22］Neil Gilbert，Paul Terrell. 社会福利政策导论［M］. 黄晨熹，周烨，刘红，译. 上海：华东理工大学出版社，2003.

2. 论文

［1］李明丽. 民工子女教育中的社会融合问题研究——以上海3所公立学校初中阶段为例［D］. 上海师范大学，2010.

［2］栾美薇. 社会排斥与农民工子女社会融入现状研究——以哈尔滨市为例［D］. 黑龙江省社会科学院，2010.

［3］王海霞. 社会排斥与被动接受：农民工的社会保障研究［D］，华东师范大学，2005.

［4］刘杨. 农民工社会保障现状及其影响因素分析［D］. 山东大学，2010.

［5］徐彤. 中国农民工社会保障的经济效应研究［D］. 西北大学，2011.

［6］黄黎若莲，郑功成，蒋晓阳. 无社保下的自救：中国农民工的社会保护［C］// 中国社会保障制度建设30年：回顾与前瞻学术研讨会文集，2005.

［7］梁丹丹. 公平视野下的农民工社会保障问题分析［C］. 武汉：湖北

行政管理论坛，2011.

3．期刊

[1] 段成荣，朱宝树，崔传义，陈友华．春运与流动人口 [J]．人口研究，2009（1）：30-42.

[2] 段成荣，吕利丹，邹湘江．当前我国流动人口面临的主要问题和对策——基于2010年第六次全国人口普查数据分析 [J]．人口研究，2013（2）：17-24.

[3] 王小章．从生存到承认：公民权视野下的农民工问题 [J]．社会学研究，2009（1）：121-138.

[4] 陈映芳．农民工：制度安排与身份认同 [J]．社会学研究，2005（3）：119-132.

[5] 朱力．论城市农民工的城市适应 [J]．江海学刊，2002（6）：82-88.

[6] 崔岩．流动人口心理层面的社会融入与身份认同问题研究 [J]．社会学研究，2012（5）：141-159.

[7] 宋月萍．融入与接纳：互动视角下的流动人口社会融合的实证研究 [J]．人口研究，2012（5）：38-48.

[8] 梁波．国外移民社会融入研究述评 [J]．甘肃行政学院学报，2010（2）：18-27.

[9] 任远，邬民乐．城市流动人口的社会融合文献述评 [J]．人口研究，2006（5）：32-42.

[10] 杨菊华．从隔离、选择融入到融合：流动人口社会融入问题的理论思考 [J]．人口研究，2009（1）：13-22.

[11] 张文宏，雷开春．城市新移民社会融合的结构、现状与影响因素分析 [J]．社会学研究，2008（5）：96-110.

[12] 嘎日达，黄匡时．西方社会融合概念探析及其启发 [J]．国外社会科学，2009（2）：25.

［13］周皓. 流动人口社会融合的测量及理论思考［J］. 人口研究，2012（5）：27-37.

［14］关信平. 现阶段我国农村劳动力转移就业背景下社会政策的主要议题及模式选择［J］. 江苏社会科学，2005（5）：35-44.

［15］田凯. 关于农民工的城市适应性的调查分析与思考［J］. 社会科学研究，1995（5）.

［16］马西恒，童星. "敦睦他者"与"化整为零"——城市新移民的社区融合［J］. 社会科学研究，2008（1）：110-121.

［17］王桂新，武俊奎. 城市农民工与本地居民社会距离影响因素分析［J］. 社会学研究，2011（1）：120-133.

［18］王桂新，沈建法，刘建波. 中国城市农民工市民化研究［J］. 人口与发展，2008（1）.

［19］史晓浩，王毅杰. 流动儿童城市社会交往的逻辑——指向一种质量互释的混合研究［J］. 南方人口，2010（2）：28-39.

［20］盛昕. 改革开放 30 年中国农民工政策的演进及发展［J］. 学术交流，2008（4）：12.

［21］王春光. 中国社会政策调整与农民工城市融入［J］. 探索与争鸣，2011（5）：25.

［22］王春光. 农村流动人口的"半城市化"问题研究［J］. 社会学研究，2006（5）：25-34.

［23］王春光. 新生代农村流动人口的社会认同与城乡融合的关系［J］. 社会学研究，2001（3）：39.

［24］蔡志海. 流动民工现代性的探讨［J］. 华中师范大学学报（人文社会科学版），2004（5）：32.

［25］徐艳. 关于城市边缘人现代性的探讨——对武汉市 260 名农民工的调查与分析［J］. 青年研究，2001（11）：23.

［26］李强. 关于城市农民工的情绪倾向及社会冲突问题［J］. 社会学研究，1995（4）：121-135.

［27］李强. 中国的户籍分层与农民工的社会地位［J］. 中国党政干部论坛，2002（8）：6.

［28］周春霞. 农民工与市民冲突的经济社会分析［J］. 社会学研究，2004（3）：29.

［29］李培林. 流动民工的社会网络和社会地位［J］. 社会学研究，1996（4）：121.

［30］李培林，田丰. 中国农民工社会融入的代际比较［J］. 社会，2012（5）：1-24.

［31］刘传江，周玲. 社会资本与农民工的城市融合［J］. 人口研究，2004（9）：47.

［32］潘泽泉. 社会网排斥与发展困境：基于流动农民工的经验研究——一项弱势群体能否共享社会发展成果问题的研究［J］. 浙江社会科学，2007（2）：57.

［33］李超海，唐斌. 城市认同、制度性障碍与民工荒现象——长三角、珠三角和中西部地区实地调查［J］. 青年研究，2006（7）：39.

［34］张翠娥，付敏. 社会性别视角下移民社区农村女性城市融入研究［J］. 中州学刊，2011（9）：21.

［35］全海燕. 城市打工妹的生存体验与社会支持网络研究——以北京市“打工妹之家”会员为个案［J］. 长沙民政职业技术学院学报，2003（1）：17.

［36］赵延东，等. 城乡流动人口的经济地位获得及决定因素［J］. 中国人口科学，2002（4）.

［37］郭星华，储卉娟. 从乡村到都市：融入与隔离——关于农民工与城市居民社会距离的实证研究［J］. 江海学刊，2004（3）：57，91-98.

［38］查瑞传，段成荣，刘秀花. 两次普查间北京市人口的数量变动及人

口控制效果评价［J］. 城市问题，1993（3）：17-22.

［39］侯亚非，马小红. 北京迁移流动人口区域分布及流动特征［J］. 北京行政学院学报，2005（2）：36-40.

［40］翟振武，段成荣. 北京流动人口的最新状况与分析［J］. 人口研究，2007（3）：21.

［41］倪娜，易成东. 2000—2010年北京市人口空间分布与变动研究［J］. 城市发展研究，2012（6）：32-38.

［42］李强. “丁字形”社会结构与结构紧张［J］. 社会学研究，2005（2）：113-129.

［43］张翼，侯慧丽. 中国各阶层人口的数量及阶层结构——利用2000年第五次全国人口普查所做的估计［J］. 中国人口科学，2004（6）：55-61.

［44］边燕杰. 城市居民社会资本来源及作用［J］. 中国社会科学，2004（3）：104-121.

［45］张文宏. 社会资本：理论争辩与经验研究［J］. 社会学研究，2003（4）：123-132.

［46］谢勇. 基于人力资本和社会资本视角的农民工就业境况研究——以南京市为例［J］. 中国农村观察，2009（5）：67-83.

［47］朱志仙，张广胜. 人力资本、社会资本与农民工职业分层［J］. 沈阳农业大学学报（社会科学版），2014（4）：39-47.

［48］王春超，周先波. 社会资本能影响农民工收入吗？——基于有序响应收入模型的估计和检验［J］. 管理世界，2013（9）：67-79.

［49］朱志胜. 社会资本的作用到底有多大？——基于农民工就业过程推进视角的实证检验［J］. 人口与经济，2015（5）：93-104.

［50］周红. 农民工子女城市融入与社会稳定研究——基于社群心理边缘化趋势的分析［J］. 四川警察学院学报，2010（2）：30.

［51］王毅杰，梁子浪. 试析流动儿童与城市社会的融合困境［J］. 市场

与人口分析，2007（6）：59.

[52] 王守恒，邵秀娟. 农民工子女教育：难题与对策 [J]. 教育科学研究，2011（1）.

[53] 邵彩玲，张莅颖，赵岩. 农民工子女城市融入的逻辑、功能与政策分析 [J]. 河北大学学报，2008（4）.

[54] 韩嘉玲. 北京流动儿童义务教育调查 [J]. 青年研究，2001（8）：27.

[55] 蔡禾. 农民工的城市认同及其影响因素 [J]. 中山大学学报，2009（1）：148-158.

[56] 张智勇. 户籍制度：农民工就业歧视形成之根源 [J]. 农村经济，2005（4）.

[57] 李春玲. 社会阶层的身份认同 [J]. 江苏社会科学，2004（6）：108-112.

[58] 赵志裕，温静，谭俭邦. 社会认同的基本心理历程：香港回归中国的研究范例 [J]. 社会学研究，2005（5）：202-227.

[59] 蔡昉. 城市化与农民工的贡献——后危机时期中国经济增长潜力的思考 [J]. 中国人口科学，2010（1）.

[60] 孙树菡，等. 都市边缘群体及其社会保障权益 [J]. 经济与管理研究，2002（6）.

[61] 张启春. 谈谈进城务工人员的社会保障问题 [J]. 江汉论坛，2003（4）.

[62] 林毓铭. 将进城农民纳入城镇社会保障体系与相机抉择 [J]. 社会保障问题研究，2003（2）.

[63] 郑功成. 农民工的权益与社会保障 [J]. 中国党政干部论坛，2002（8）.

[64] 邓大松，等. 建立农民工社会保障制度的新思路 [J]. 经济纵横，2008（7）.

［65］许振明. 甘肃省城市农民工社会保障问题的现实思考［J］. 开发研究，2008（6）.

［66］高书生. 关于搭建中国社会保障新平台的设想［J］. 经济研究参考，2003（4）.

［67］李东卫. 我国农民工社会保障现状分析及国际比较［J］. 地方财政研究，2011（11）.

［68］于景辉. 社会公正视野下的农民工社会保障［J］. 学习与探索，2009（2）.

［69］李强. 城市农民工的失业与社会保障问题［J］. 新视野，2001（5）.

［70］嵇平平. 农民工社会保障缺失后果的个案研究——基于北京市海淀区流动人口聚居区的人类学调查［J］. 黑河学刊，2010（10）.

［71］彭华民. 社会排斥与社会融合——一个欧盟社会政策的分析路径［J］. 南开学报，2005（1）.

［72］黄佳豪. 西方社会排斥理论研究述略［J］. 理论与现代化，2008（6）.

［73］［印］阿玛蒂亚·森. 论社会排斥［J］. 王燕燕，译. 经济社会体制比较，2005（3）.

［74］景晓芬. "社会排斥"理论研究综述［J］. 甘肃理论学刊，2004（2）.

［75］唐踔. 我国农民工社会保障的现状、根源及对策［J］. 安徽农业科学，2010，38（26）.